添乗員ari・ko

まだまだ日本のおいしい旅

ariko

50代をすぎて。改めて旅が楽しくなってきました。おいしい旅にもっと出かけましょう！

興味のある場所、行ってみたい場所に旅をするのは、日々の暮らしをリセットできるいい時間。心の栄養にもなります。でも、そんなふうにしみじみ思うようになってきたのは、意外と最近のこと。

50歳をすぎたくらいから、旅の仕方が変わってきました。若い頃は仕事も含めて出かけるのは海外が中心で、常に物欲の塊でした。名所旧跡の探訪はそこそこに、興味はもっぱらファッション。おいしいものにももちろん目がありませんでしたが、日本では買えないモデルの靴、バッグなどを手に入れるのに夢中で、スーツケースが重量オーバーになってしまうことも。今では信じられませんが、そういう時代もありました。

結婚をして子どもを授かってからは、旅は家族が中心のものへと変わりました。夏は海辺やプールのあるところ、冬は雪山でスキー。わが家の場合、自然に囲まれた場所でスポーツをして過ごす旅が多く、常に子どもが中心。それでも子どもの成長とともに、家族の思い出が増えていくのはかけがえのないことでした。

そして今、ひとりっ子の息子が成人して、子育ても一段落。仕事も自分の裁量である程度は自由にできるようになりました。気の合う女友達と誘いあって、もしくは勝手知ったる場所ならひとりで、気軽に旅に出ています。かつての物欲が嘘のように物に執着することもなくなり、気持ち的にも軽やかになりました。いろいろな経験を積んできて、自分の好きなものが何なのかもはっきりしてきました。居心地のいい場所で好きなことを楽しめる非日常の時間は、今だからこその贅沢なんだなぁと実感しています。

ひとり旅も50代になってから始めたことのひとつ。誰かと予定を合わせることもなく出かける旅は冒険気分を味わえ、ちょっとした達成感も得られます。そもそもひとりで旅をすることになったきっかけは、ハワイに住む友人を訪ねて、その行き帰りや宿泊するときだけひとりという旅からでした。いわば限定付きのひとり旅だったわけですが、そこから少しずつ慣れていったのです。そうしているうちに、女性がひとりで旅をするということへの世間の認知度も上がってきて、さらにおひとりさまにやさしい宿も増えてきて、より気兼ねなくひとりで出かけられるようになりました。

ところが突然のコロナ禍。気軽に海外へ行くことができなくなりました。先行きの見えない状況が続いていましたが、「それでもどこかへ行きたい」という思いを抑えきれず、旅の目的地を国内へとシフト。はからずもですが、コロナ禍を機に日本各地を改めて旅するようになり、日本の魅力を見直すことになりました。

これまで何年も通い続けている行きつけの宿がある湯河原や箱根、友人も多く住む別府など、国内でも定期的に出かけている場所はあったのですが、「いつか行ってみたいな」となんとなく思っていた場所に出かけるきっかけとして、背中を押された感じです。穏やかな瀬戸内を望む香川や愛媛に、民藝と文化の香りがする松本。そして、母の実家のある京都も母が亡くなって以来、なんだか足が遠のいてしまっていた場所。そんな気になる場所を訪れてみたら、これがなんともいい！　気づけば50歳をすぎ、さまざまな経験を重ねてきたからでしょうか。自分でも驚くほど、どの場所でも発見があり、新しい魅力を感じられるのです。来てよかった、また絶対に再訪したいと思う場所がどんどん増えていきました。本書ではその一部、特におすすめしたい場所をご紹介しています。

タイトルにある通り、私にとって旅の最大の楽しみは花より団子。おいしいものとの出会いにあります。もちろん、素晴らしい景観に感動したり、名所旧跡を訪れて感銘を受けたり、美しい自然の中でリラックスしたり、温泉にのんびり浸かって身も心もふにゃふにゃになったりする時間も心地よいのですが、自他ともに認める食いしん坊な私にとって、旅の主役はやっぱり「食」。それ以外の要素は、旅先で出会うおいしいものをさらにおいしく食べるための前菜的な存在……などと言っていいのか悪いのか（苦笑）。とにかくその地で出会うおいしいものにワクワクする時間がたまらないのです。

旅先でのそうした〝美食〟はその風景や空気感と相まって旅の思い出をさらに印象深くしてくれるもの。美食といっても何も贅沢なものを言うのではありません。佐賀・唐津の呼子で出会ったイカの姿造りの透明感のある美しさとコリッとした食感。長野・松本でいただいた、全てにセンスが行き届いた空間で女主人が打つ絶品の蕎麦。石川・能登の木々に囲まれたお宿の囲炉裏端でいただいた無骨なまでにシンプルな焼きおにぎりの香ばしさ。それらのおいしさはどれもその場所の風景、空気感と味とが一緒になってインプットされています。

私が旅先で心掛けているのは、いかにも観光客向けのお店やおみやげ屋さんではなく、地元の人たちにも愛されているお店を選ぶこと。郷土色豊かな名物と呼ばれるものでも、地元民ご用達のお店なら安心。そんなお店は余裕があり、一見の観光客にもやさしいことが多いのです。観光客向けにアレンジされたお店は微妙に「なんか違う」ものだったり、お値段が妙に高かったり、これじゃないんだなぁとがっかりさせられることが多々。もっとその土地ならではのリアルなおいしさに出会いたいと思っています。

旅に出ることが決まったら、まずはそこで何が食べられるのか、どのお店がおいしいのかを徹底的にリサーチします。「本当においしい旅」になるかどうかはもう、準備にかかっていると言っても過言ではありません。下準備なしにふらりと出る旅もときにはいいものですが、忙しい大人としては、限られた時間は効率的に使ってお

いしいもの巡りをしたい。

大切なのは自分の好みに合っているかということです。人によっておいしいの基準、いい店の基準は違います。ここはおいしくない、店主が塩対応などとネガティブな口コミレビューがされていたお店だったとしてもそれが自分に当てはまるとは限らないものです。書き込みをした側に問題があることもありますし、塩対応も理由があってのことかもしれません。口コミレビューは両刃の剣。薄目で見るくらい（笑）がちょうどいいと思います。


50代からのおいしい旅。残念ながら、かつてのように何でもかんでも食べられる、どんなに飲んでも翌日には持ち越さない、ということは「ありません」（苦笑）。スケジュールを考えるときに肝心なのは、詰め込み過ぎは禁物ということです。新しい場所を訪れると、ここも行きたい、あれも食べたい、とついつい欲張りがちですが、若い頃とは違って体力的にも胃袋的にも無理ができないお年頃。無理をすると体調を崩したり（食べたいものが食べられなかったり！）、同行している友人に迷惑もかけてしまいます。ロクなことがないので、とにかく余裕を持って予定を組むのが吉。そして、お天気が悪いとか交通事情のトラブルとか、旅は予想外の出来事がつきもの。そんなときも慌てないのが大人旅の余裕です。諦めるところはきっぱり諦めて、次にまた訪れる理由ができたな、くらいの心持ちで旅を続けましょう。

普段、車を運転することが多く運動不足な私でも、旅先ではよく歩きます。楽しいことをしていると時間が過ぎるのが早いように、楽しい旅は思った以上に歩いてしまいます。翌日に疲れを残さないために、疲れた体は宿でしっかり癒やしましょう。ごはんの支度も片付けもしなくていいのです。夜の時間は自分のためだけのもの。ゆったりとお湯に浸かり、持参したマッサージボールで疲れを癒やす……。旅に出たときならではの貴重なひとときとなっています。本書では、そうした「大人ならではの旅行術」についてもお伝えしています。

ちなみに、わが息子も私の遺伝?からか、おいしい旅が好きな様子。といっても仲良しの男子グループでのチープシックな旅がほとんど。大阪食べ歩きツアーなど国内はもとより、先日は格安航空券を使っての弾丸ヨーロッパツアーに出かけていました。行く先々ではその土地ならではのおいしいものをしっかりチェックして楽しんでいる様子。現地の人との交流エピソードなどの思い出話を聞くにつけ、身軽な貧乏旅でもおいしいものを見つけて楽しむところは見習いたいなあと思ったり。息子が成人して以来、親離れ(子離れ)が進みつつあるわけですが、いつまで一緒に旅をしてくれるのか……。あと少しだけ、親子旅にも出かけたいと思うひとりっ子の母なのです。

子育ても一段落した。仕事も落ち着いてきた。自分のために使える自由な時間も増えてきた。そんな今だからこそ、「いつか行ってみたい」「いつか食べてみたい」と思っていた場所を、少しずつ訪ねていこうと思っています。同じ感覚でおいしさを共有できる友人との旅、あるいは冒険感を味わえるひとり旅。まだまだ未踏の日本のあちこちへ出かけていくつもりです。〝添乗員〟気分で書き綴ったおいしい旅の記録、少しでも皆さまの旅のお役に立てますように!

CHAPTER 1

おいしい旅の記録

CHAPTER

2

おいしい旅を組み立てる

＊掲載の情報は2024年11月末時点のものです。 ご旅行の際は、 最新の情報をご確認下さい。 また、 掲載の商品はすべて私物です。

CHAPTER

1

おいしい旅の記録

お気に入りの宿ができると旅はこんなにも楽しくなる

～大分・別府　2泊3日

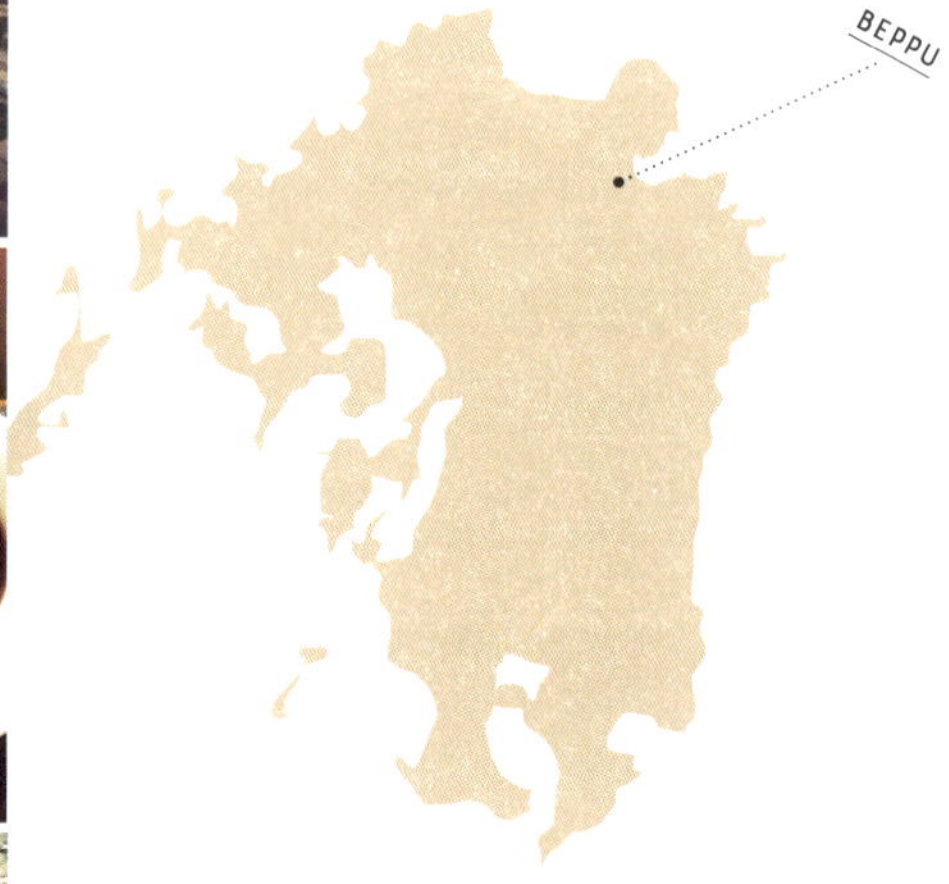

〝日本一のおんせん県〟大分に通うようになってかれこれ7〜8年になるでしょうか。きっかけは、雑誌のハワイロケ取材で長くお世話になったコーディネーターの工藤まやさんから、実家のある大分に里帰りをするから遊びに来ないかと誘ってもらったことから。癒やしの地、ハワイに住んでいる彼女から、「大分はあちらこちらで温泉が湧いていて、食べものもめちゃくちゃおいしくて、街はちょっとレトロで自然もたっぷり。ハワイに負けず劣らずのんびりできるんですよ」という郷土愛のエピソードを聞いているうちに「行ってみたい！」という気持ちがムクムクと湧き上がり、すぐに大分行きの飛行機のチケットを取ってしまいました。

果たして、初の大分旅は想像を軽ーく超えた癒やしの連続で、旅の終わりには身も心も元気になっていたことにびっくり。それ以来、彼女がハワイから里帰りする際には必ず大分に押しかけるリピーターになりました。もはや今では、彼女がいなくても気軽に訪れる〝勝手知ったる場所〟となっています。

大分行きの飛行機はいつも午前中、お昼前に着く便を選びます。空港に到着したら、別府まではタイミングよく運行されているバスを使います。左手は海、右手はゆったりと広がる緑の風景の中を進むバスの揺れに身を任せていると、あちらこちらから湯煙が上がっているのが見えてきます。今や「ああ、大分に戻ってきたんだなあ」という感情が掻き立てられる景色です。1時間ほど走って別府の街に到着すると、ちょうどお昼ごはんの時間というタイミング。その日に泊まる宿のチェックインまでの時間、ゆっくりとランチを。さあ1食目は何を食べましょうか。

昭和レトロなお店で洋食を味わうもよし。おやつに備えて名物・別府冷麺にするもよし

別府は昭和の風情が色濃く残っている街。ちょっぴりレトロでいながら、きちんと今が息づいていてそのミックス加減がなんとも心地よいのです。そんな別府で昭和レトロを楽しむなら、洋食がおすすめです。「**レストランリボン**」は赤いファサードの外観からして、なんともキュート。店内も古いながらどこもきれいに磨かれていて気持ちがいい。大分名物のとり天をはじめ、そこに甘酢とタルタルを添えたチキン南蛮、定番のミックスグリルにタンシチュー、そして店名がつけられた〈リボンランチ〉はハンバーグにエビフライ、若鶏のピカタの組み合わせという〝大人のお子様ランチ〟といったてい。あんかけ焼きそばやちゃんぽんなどもあり、メニューは実にバラエティー豊かで何にしようか目移りしてしまいます。お腹がいっぱいなのに、赤いチェリーが添えられた可愛いルックスに惹かれて、クリームソーダを頼んでしまうのはいつものこと。

または、知られざるイチオシ名物、別府冷麺という手も。小麦粉とそば粉からできたコシの強い麺に牛骨をベースとしながらさっぱり仕上げたちょっと和風のスープ、トッピングに白菜ならぬキャベツのキムチがのっているのがおもしろい。あとで甘いものも食べたいからお昼は軽めにしておきたい、という時にはあっさり食べられるこの冷麺がピッタリです。いくつか人気店があり、別府っ子はそれぞれのお気に入りがあるといいますが、中でもいちばんの人気店が「**六盛**」。そば粉多めでちょっと黒い麺は香りもコシも強く、スープはとてもクリア。ゴクゴクと飲み干してしまうほどです。ちなみに六盛は中華そばもおいしいので、あったかいものが食べたいと

いう日には迷わずそちらを頼んでみてください。

別府で外せないお店のひとつが大正5年創業の「**友永パン屋**」。趣のある店構えがなんとも味のある昔ながらのパン屋さん。地元っ子はもちろん、観光客も多く訪れる、常に行列が絶えない人気店です。あんぱん、ジャムパン、クリームパンなど、どのパンもふんわり、優しい味わいで牛乳を片手にかぶりつきたくなります。人気で売り切れてしまうことも多い〈バターフランス〉は、滞在中一度は食べたいお目当ての大好物。上にのった砂糖と有塩バターの混ざり具合に、よく焼けた底の部分もジャリッと香ばしく、甘じょっぱさマニアには堪《こた》えられない一品で、お店に並んでいるのを見つけたら小躍りしてしまいます。ちなみにこの店ではパンの買い方に独特のルールがあるのでご参考まで。入口で番号札と注文表を取ったら、そこに書かれた商品名に欲しい数を書き込んで順番を待ち、自分の番号が呼ばれたらレジに行って支払いをして商品を受け取る、というシステム。長年使い込んだバインダーに昔ながらのえんぴつで書き込めば、待つのも苦になりません。

豊富な湯量にミルキーブルーの硫黄泉。温泉宿の魅力に素晴らしい泉質は欠かせない

昼ごはんを食べ、おやつのパンを買ったらそろそろチェックイン時間になっているという寸法です。大分旅でいつもお世話になっているのが、別府八湯の中で最も高台に位置する明礬《みょうばん》温泉の「**岡本屋**」。明治8年創業の老舗旅館で、趣のある木造建築は歴史を感じさせる、落ち着いた佇まいです。隅々まで掃除が行き届いていて、どこもかしこも清潔で清々しい。高速道路の大きな橋のアーチ越しに別府湾を望めるのも、高台にあるこの宿なら

ではの魅力になっています。

部屋でひと息ついたら真っ先に大浴場へ。この温泉の泉質が本当に素晴らしいのです。別府の中ではここだけに湧いているというミルキーブルーの硫黄泉は肌に柔らかくなじみ、いくらでも浸かっていられるほど。広々とした露天風呂で手足を伸ばせば、普段の疲れがとろとろ解けていくのがわかります。内湯付きの部屋に泊まっていても、大きな温泉に浸かるのはやっぱり格別です。

岡本屋といえば温泉の蒸気で蒸し上げる〈元祖地獄蒸しプリン〉も名物のひとつ。ほどよい硬さとビターなカラメルの組み合わせは、まさに正統派のプリン。デザートに出てくることもあるし、旅館から少し登ったところにある売店でもいただくことができます。こちらの売店では、やはり温泉の蒸気で蒸した卵を使った〈地獄蒸したまごサンドイッチ〉もぜひ。

岡本屋さんのお料理も素晴らしいのですが、食事は朝食だけをお願いして夜は別府の街に出かけるのも楽しみのひとつ。私のいちばんのお気に入りは別府っ子が愛してやまない焼肉屋さん「一力」。店頭に灯った赤い大きな提灯が目印のこのお店も、昭和の雰囲気がたっぷり。半月形の照明カバーに赤いスツールのカウンター、煙がモクモクのロースターとステンレスのオーバル皿……と何もかもが素敵に渋いのです。しかも、お肉は安くておいしいときたらもう言うことなし。創業以来ずっと変わらない味という秘伝のタレは、ほんのりフルーティで赤身の肉によく合う。地元っ子も一見さんも分け隔てなく受け入れてくれるから、カウンター席でひとり焼肉をするという女性も多いそう。締めにはぜひ、キムチで巻いたおにぎりを。

2日目は足を延ばしてうつわの里へ。日常使いの小鹿田焼を探して

2泊3日で訪れることが多い大分旅。一日をフルに使える2日目は少し足を延ばしたプランはいかがでしょう？ 別府から1時間ほどのドライブで行けるのが古い城下町の日田。そこからさらに奥深く、自然豊かな山間の集落にあるのが世界一の民陶と言われる**「小《お》鹿《ん》田《た》焼《やき》の里」**。新たな出会いを求めて旅先でもうつわを扱うお店

岡本屋さんのラウンジ。旅人を迎えてくれるのは、女将さんのセンス溢れるビンテージモダンな雰囲気が魅力的な空間。趣味のいいインテリアに早くも気分が上がります。古いものと新しいもののミックス加減が絶妙。

山深い場所に10軒ほどの窯元が集まる小鹿田焼の里。その中心部を流れる清流沿いに登り窯が煙を上げる様子は、日本の原風景を思わせる癒やしの景色です。「用の美」を追求した民藝の魅力に出会える場所。

をのぞくのを楽しみにしているのですが、この小鹿田焼も気になっていたもののひとつ。「とびかんな」と呼ばれる素朴な幾何学模様は300年もの間受け継がれてきた一子相伝の技。素朴でいながらどこかモダンな雰囲気もあり、普段の食卓で使うのにもマッチします。

現在の窯元は開窯時からの流れをくんだ9軒のみ。川に沿って並ぶ、ししおどしの原理で陶土を砕く唐臼《からうす》と登り窯は、日本の原風景を思わせます。工房と店舗を兼ねたお店が点々と並んでいるので、癒やしの空間を散策しながらお目当ての品を探してみてください。工房によって作風が異なるので、気に入ったものに出会ったら迷わず購入するのがおすすめです。「さっきのお店にあった、あれがやっぱり欲しい」と思っても、坂道を登って戻るのはなかなか大変。そもそも店名が書かれた看板がなかったりして、どこに何があったかがわからなくなってしまうことも。

お気に入りを入手した頃にはそろそろお腹も空いています。ランチは日田の街に戻って、日田のソウルフードと言われる〈日田焼きそば〉を。鉄板で焼き付けて作るパリッ、モチッと食感の麺が特徴で、ちょっとジャンクな味わいがクセになります。あっさりソースで焼き上げるもやしやニラ入りの「**みくま飯店**」に、自家製麺を甘めのソースで焼き上げ、生卵を落として食べる「**三久**」。カリッとした麺にスパイシーなソースが絡んだ「**想夫恋総本店**」など、それぞれのお店にファンがいます。どこもおいしいので、混雑具合をチェックして決めると時間のロスが少ないかもしれません。

日田といえば、白壁造りの建物が並ぶ風情のある街並みを散策するのも一興です。造り酒屋の「**クンチョウ酒造**」に立ち寄れたら、銘酒〈薫長〉を。宅配便で送ってしまえば荷物も増えません。

別府に帰る道すがら、温泉に立ち寄ってみるのも楽しいものです。どの道を通っても温泉が湧き出ている大分。

Googleマップなどで調べておくと、お好みの泉質の立ち寄り温泉を見つけることができます。そのためにも常にタオルを持っていくことをお忘れなく！

さすが〝おんせん県大分〟、温泉といってもさまざまあります。今までに行ったところで面白かったのが、上人ヶ浜公園にあった「別府海浜砂湯」です。砂風呂というと鹿児島の指宿《いぶすき》が思い浮かびますが、別府温泉も隠れた人気スポット。こちらは海に面した場所に設置された別府市営の公衆浴場で、温泉の熱で温まった砂を掘ったところに、浴衣を着た状態で横たわります。その上から砂かけ係のスタッフに首だけ残して、砂をかけてもらいます。この砂の重さがなんともいえない感覚。重すぎず、でも動けないという絶妙な塩梅なのです。身体はじんわり温かいのに、海からの風に顔は涼しくて気持ちがいい。友達と一緒だと首だけ出している姿がおかしくて、お互いに思わず笑ってしまうはず。

15分ほど経つと、思いもよらぬ大量の汗が出てくることにびっくりします。もうちょっと入っていたいなと思っても、先ほどの〝砂かけスタッフ〟に催促されて終了です。大量の汗をかくことで、デトックス効果は抜群。シャワーを浴びてから併設の温泉に浸かってさっぱりすれば、まさに「ととのった」状態に。こちらの「砂湯」はただいまお休み中とのこと。規模を大きくしてリニューアルオープンするそうなので、再開した際にはまた訪れてみたいと思っています（2024年12月現在）。

海だけでなく山にも〝効く温泉〟はあります。湯布院近くにある「**塚原温泉火口乃泉**」は鉄やアルミニウムを多く含む硫酸塩泉とされ、全国2位という酸性度は皮膚病に効くと多くの湯治客が訪れます。まずは整備された山道を登って、噴気が立ちのぼる火口を見学。まるで月面ってこんな感じ？　と思うような荒涼とした火口付近にはもうもうと湯煙が上がっていて、ものすごい迫力。映画や特撮ヒーローもののロケ場所によく使われるというのも納得です。硫黄の香りもすごく、五感へ訴えてくる迫力に圧倒されつつ、強い酸性というお湯にいざ浸かってみると……透明なお湯はいたって普通に見えるのですが、その見た目にだまされてはいけません。少し舐めてみると、冗談抜きでレモン並みの酸っぱさ！　あまりの酸性具合に、石鹸はもちろん、一日浸していると刃物も溶けてしまうとのこと。「絶対、目に入れてはいけませんよ」と恐ろしい注意も受けます。

そんなわけで、入ってすぐは「特に何も感じないけど……トロリといいお湯～」などと呑気なことを言っていても、しばらくすると徐々にピリピリ感がやってきます。エステ並みのピーリング効果を期待できるとのことで、この温泉水をスプレーに入れたものは化粧水代わりとして大人気だとか。銀座の某エステサロンはこの温泉水をわざわざ運んで施術に使っていると聞いて、はい、私も購入してしまいました（笑）。

これらの温泉のほかにも、別府市街地、鉄輪《かんなわ》にある『千と千尋の神隠し』に出てきそうな古めかしい建物の「**竹瓦温泉**」や、自然豊かな滝のそばにある「**夢幻の里春夏秋冬**」など、本当によりどりみどり。タオル片手に湯めぐりするのは別府ならではのお楽しみです。

甘めの醤油は煮物に。柑橘類は箱ごと。旅の思い出を反芻できるおみやげを

せっかく大分に来たので、おみやげも大分ならではの逸品を。私が毎回リピートしているものをご紹介します。まずは大分っ子がどこにいてもその味が恋しくなるという「**フジヨシ醤油**」の〈カトレア醤油〉。ちょっぴり甘口の醤油はシマアジやサバを胡麻と和えた郷土料理の〈りゅうきゅう〉に欠かせないもの。焼いたお餅にちょろ

っとたらしたり、わが家では肉じゃがなどの煮物にも使っています。

佐伯港の網元の女将さんたちが作る〈ごまだし〉も欠かせないもののひとつ。とれたてのアジやタイ、エソなどを焼いてほぐし、たっぷりのいり胡麻と醤油を加えてさらにすったもので、炊き立てのご飯に合うだけでなく、お湯で溶くだけでおいしいスープに。これをうどんつゆにするのもお手軽でおいしいので、ハマること間違いなしです。おみやげに差し上げた方が口を揃えて、「あれ、おいしかった！　自分でもお取り寄せしたよ」と言ってくれる万能調味料です。

竹細工も別府の名産。昔ながらの職人さんの作るカゴやお弁当箱、調理器具は竹ならではの清々しさが魅力。あれもこれも欲しくなってしまいますが、そこはぐっと我慢して、手持ちで持って帰れる分だけを毎回少しずつ集めています。伝統的なものを探すなら「**竹工芸　山正**」、ちょっとモダンなあしらいのものを見たい時には「**bamboo bamboo**」をのぞきます。

九州といえば、柑橘類の産地。時期なら、青々としたかぼすを箱ごと購入します。爽やかな香りと酸味はおみやげでお裾分けすると喜ばれること間違いなし。もちろん自宅でもたっぷり搾って、旅のおいしさを反芻します。

温泉に心ゆくまで浸ってユルユルになり、おいしいものでお腹はいっぱい。訪れるたびに新しい発見とおいしさにも出会えるから通ってしまうのです。東京から飛行機で1時間半で着く、〃ヒーリングスポット大分〃。書いているうちにまた訪れたくなってしまいました。

大分・別府　2泊3日旅

飛行機＋レンタカー

1日目　DAY ONE

飛行機で大分空港へ

⇩

レトロな風情が残る洋食店〈**レストランリボン**〉または別府冷麺〈**六盛**〉でランチ

⇩

別府の作家もののうつわを扱うギャラリー〈**SPICA**〉や〈**REN & TITTA**〉を巡る

⇩

大正５年創業のパン屋さん〈**友永パン屋**〉でバターフランスをおやつに

⇩

明礬温泉〈**岡本屋**〉にチェックイン。まずはひと風呂！

⇩

秘伝のタレで味わう、昭和な雰囲気が渋い焼肉店〈**一力**〉で夕食

⇩

宿泊

2日目　DAY TWO

朝食後、ドライブしながら日田方面へ

⇩

〈**小鹿田焼の里**〉でうつわの工房を巡る

⇩

日田の街へ戻り、名物の焼きそばでランチ。
〈**みくま飯店**〉〈**三久**〉〈**想夫恋総本店**〉など

⇩

城下町・日田の古い街並みを散策。
造り酒屋〈**クンチョウ酒造**〉で「薫長」を購入

⇩

〈**塚原温泉火口乃泉**〉など日帰り温泉に立ち寄る。
別府に戻って、〈**竹瓦温泉**〉〈**夢幻の里 春夏秋冬**〉などで湯めぐりも

⇩

岡本屋で夕食。またはお寿司〈**八新鮨**〉で海の幸を味わう

⇩

宿泊

3日目 DAY THREE

ゆっくり起きてブランチ。おすすめは「地獄蒸したまごサンドイッチ」。
「元祖地獄蒸しプリン」などおみやげも調達

⇩

別府といえば竹細工も有名。〈**竹工芸 山正**〉や〈**bamboo bamboo**〉を巡る

⇩

〈**フジヨシ醤油**〉へ。九州ならではのお醤油「カトレア醤油」を購入

⇩

別府駅前のアーケードで最後のおみやげ調達。
「ごまだし」やカボスなどの柑橘類はお約束。
合間に名物の唐揚げや巻き寿司をつまんでから大分空港へ

⇩

夕方早めの便で帰京

旅information

明礬温泉　岡本屋
明治８年創業の老舗旅館。豊富な湯量を誇り、ミルキーブルーの露天風呂、白濁色の大浴場とともに楽しめる。
大分県別府市明礬４組

小鹿田焼の里
江戸時代中期から続く小鹿田焼の窯元が集う地域。その技法は国の重要無形文化財にも指定されている。
大分県日田市源栄町234

旅memo

１日目は別府の街と旅館中心のプラン、２日目はちょっと足を延ばす日、３日目はのんびり起きておみやげを調達する日、というイメージです。うつわ好きな方なら、亀田大介・文さんご夫婦や阿南維也さんなど在住の作家さんの工房を訪れるのも楽しいはず。２日目は、湯布院、もしくは臼杵や佐伯方面などを訪れて、温泉とともにフグなど海の幸を味わうプランも。ちなみに、友人とのお茶は明礬温泉上のANAインターコンチネンタルのテラスが定番。絶景を眺めながらゆったり過ごすと時の経つのを忘れます。

「何もしない贅沢」を味わいに。おひとりさまにもやさしい2つの宿

～神奈川・湯河原／箱根　1泊2日

見知らぬ場所に初めて出かける旅はワクワク感があって楽しいものですが、気が向いたときに気軽に行けて、リラックスできる定宿と呼べる存在があるのは本当にありがたい。気の張る仕事続きで慌ただしく日々を過ごすうちに、頭も身体もガチガチ……そんなときに足が向くのが、湯河原の緑深い山あいに佇む、9室の小体なお宿**「石葉《せきよう》」**です。

ご主人が先代のお母さまから受け継いでまだ間もない頃に温泉通の友人に教えてもらったのを機に通い出して、もう30年近いおつきあいになります。古い建物をそのまま生かしつつ、つまり見た目は全くそのままでいながら、水回りはもちろん、露天風呂のまわりに出没する蚊を吸い込む機械が設置されているなど、宿泊客の過ごしやすさを考えて常に進化していることにいつも驚かされます。掃除の行き届いた館内はどこもかしこも清潔で、素足で歩けるのも心地いい。ご主人の美意識が生かされたしつらえは、これ見よがしとは無縁。そんなシンプルでいて趣《おもむき》がある雰囲気は代えがたい魅力で、行くたびにこの宿と出会えたことを嬉しく思います。

ふんだんに用意されたタオルはふっくらとした肌触りの今治製。大風呂にはもちろん、部屋風呂を使った後も、しばらくするといつの間にか新しいタオルが用意されているという塩梅。ぐっすり眠れるベッド並みに分厚いフカフカのお布団、そしてパリッとした浴衣も気持ちいいのですが、柔らかなコットンのパジャマが用意されているのもありがたい。

さりげないのに温かなサービスも魅力です。気分が上がるのに派手ではない、その心遣いがなんとも絶妙なのです。以前、ママ友と宿泊した際、朝食の席で彼女の膳のお漬物だけが違う小皿に変えられていたことがありました。それに気づいた友人に、「前夜、お漬物が苦手とおっしゃっていたので、佃煮はいかがかと思いまして」と。苦手と言っていたのは仲居さんに直接伝えたのではなく、食卓の会話の中。驚きと共に、朝から一同、気分が上がったのはいうまでもありません。

「苦手なものは?」とあらかじめ聞くことは多くても、ちょっとした会話から掬《すく》い取ってくれる心遣いはなかなかできないような気がします。聞けば、こういったことも〝お客様データ〟に書き加えてフィードバックしているそうな……。かゆいところに手が届く細やかなサービスがリピーターを増やしている所以なのだなあと長年通っていても感心させられることしきりです。

掛け流しの温泉で何もしない時間を楽しんだら旬の炊き込みご飯や甘味まで至福の食事を

肝心の温泉は、とろりとした柔らかい透明の単純泉。大風呂は四季折々の自然を楽しめる野趣あふれる庭園風呂のほかに、箱根連山を眺められる展望が魅力の露天風呂があり、さらに坪庭を擁した部屋付きのひのき風呂でも温泉を楽しめます。もちろんすべて掛け流し。湯上がりの身体を広縁に設えられたカウチにゴロリと投げ出して、木々を渡る風の音や鳥の鳴き声にぼーっと耳を傾けている時間は何ものにも代えられない贅沢なひととき。「どれだけ疲れてるんだ」とツッコミの声が聞こえてくるようですが、普段バタバタ忙しく過ごしている身には何もしないこんな時間が必要なのかもしれません。

上げ膳据え膳で美食を楽しめるのも、旅館ならではの至福のひととき。旬の果実酒から始まる夕食は、季節の素材のおいしさが詰まったシンプルで洗練された構成。食事の締めには、いつも驚きのある組み合わせの炊き込みご飯が供されます。食後の甘味も和菓子屋さん顔負けのクオリティ。もちろん、うつわやしつらえも素晴らしく、うつわ好きとしてはいつも目に楽しく、勉強になることばかり。

夏の鮑、秋の松茸、冬の間人《たいざ》ガニと季節の贅沢素材を取り入れたコースも用意されているので、ときには自分へのご褒美として奮発したくなります。そして、石葉の魅力を語るのに欠かせないのが朝ごはん。朝風呂を済ませてから、搾りたてのみかんジュースで喉を潤して始まるのは、余分なものがひとつもない、完璧！と言いたい朝ごはんです。羽釜で炊いたツヤツヤのお米に合う、ご飯のお供がずらりと並ぶ様子はまさに〝大人のおままごと〟と呼びたくなる楽しさ。出来立てのお豆腐は夏は冷奴、冬は湯豆腐で供されます。塩加減が絶妙な地元の干物にほんのり甘い卵焼き、しらすおろし、青菜とお揚げの炊いたものなど、定番メニューも食べ飽きることがありません。

長年通い、今ではまるで親戚の家に泊まりに来たような気楽さで訪れている石葉。チェックアウトは12時と遅めなので、時間をたっぷり使ってのんびり過ごすことにしています。朝食の後、部屋風呂にまた浸かってもうひと眠り、なんてことも。そのために、なるべくチェックインが始まる15時には到着して、明るいうちからゆったりくつろぐことをお勧めします。ここでは何もしない贅沢を思う存分に楽しんでみてください。

1日目のお昼は夕食を考慮して軽く。おみやげにはパン、お豆腐、旬の柑橘類を

私にとっては宿がメインの湯河原旅ですが、おみやげやお昼ごはんなど、いつものルーティンをご紹介しますね。晩ごはんに懐石料理が待っているので、ランチはサラッと麺類などいかがでしょう？ おすすめは全国から

ラーメン好きが集まる「**らぁ麺　飯田商店**」。のど越しよくツルッと食べられるしなやかな自家製麺に、深い味わいのスープは思わず飲み干してしまうおいしさ。さまざまなメディアで紹介されるうちにファンが殺到するようになり、今ではネット予約になったよう。なかなかハードルが高くなってしまいましたが、一度は召し上がってみてほしい絶品のラーメンです。

ちなみに飯田商店の味を気軽に食べられる姉妹店、「**しあわせ中華そば食堂　にこり**」が近くにあるので、最近はもっぱらこちらへ。本店譲りの中華そばにチャーハン、そして唐揚げやカレーなどのメニューも豊富。数人のグループでいろいろ頼むのも楽しいものです。

湯河原に来たら必ず寄るパン屋さんが「**ブレッド＆サーカス**」。こちらも先代のご主人のときから通っていますが、いつ行っても行列が絶えません。店内には天然酵母のハード系パンをはじめ、小麦の香り豊かな食パンや工夫を凝らした食事系パン、甘いパンに至るまでバラエティ豊か。あれば絶対に購入するのが、店主が修業されたサンフランシスコ仕込みの〈カリフォルニアソフト〉。ドライフルーツがたっぷり入った〈フルーツ８００〉や〈フルーツノワール〉、そして、もちもちの生地でチーズを包んだ小さな〈プチホワイト〉も外せないおいしさ。小さなお店のうえ、店内に入れる人数が限定されているため並ぶのは必至ですが、お店の前に並べられた椅子で待てるので苦になりません。営業日は金曜～月曜の週４日間のみなのでご注意を。

もうひとつ欠かせないのが「**十二庵**」の豆腐類。揚げ出し、湯豆腐、冷奴と石葉の朝食で供される豆腐がこちらのものだと聞いて以来、帰りに寄るようになりました。以前よりお店も広くなり、イートインも始められたので、こちらで昼食をいただくのもいいと思います。大豆の香りが濃い作りたての豆腐に加えて、湯葉やお揚げに刻んだネギと味噌を詰めたもの、白和えなどおつまみにぴったりの品々もぜひ。

場所柄、秋から春先まではみかんをはじめとする柑橘類も外せません。みかん狩りもできますし、道沿いの農園の店先に並んだ色鮮やかな柑橘はどれもみずみずしく、値段もお手頃なので、重さを忘れてあれもこれもと買い込んでしまいます。

季節の節目や日本の伝統美を暮らしの中に感じさせてくれるしつらえも石葉の魅力。夏は障子戸から涼しげな葭戸（よしど）に変えられ、ひんやり、凛とした空間が生まれます。時間を忘れてのんびり過ごしたい。

搾りたてのみかんジュースに続いて、土鍋で炊いたピカピカの白米に合うおともがずらりと並ぶ石葉の朝ごはん。干物や卵焼き、豆腐料理も絶品。うつわ使いも素晴らしく、まさに大人のおままごとと呼びたくなる。

箱根では明日からの英気を養う
パワースポットの気と〝知〟を吸収したい

湯河原と並んで気軽に足を運んでいるのが箱根です。美しい湖水をたたえた芦ノ湖のほとりに建つ、赤い鳥居が印象的な〝九頭龍さん〟こと「**箱根神社**」はまさにパワースポット。縁結びの神として名高い九頭龍神社は箱根神社中興の祖、万巻上人《まんがんしょうにん》が芦ノ湖で鎮めたという九頭龍の伝説に起因し、箱根神社の末社という位置付けになっているところです。

ここの参道を歩いていると、呼吸が浅くなっていることにふと気付いて、思わず深呼吸してしまいます。森林浴を楽しみながら湖畔をのんびり散歩するもよし、お天気がよければ遊覧船に乗って、風を感じながら湖畔の風景を楽しむのも本当に爽快です。船で九頭龍神社に行くことも可能です。毎月13日に行われる月次祭《つきなみさい》には多くの人が訪れ、大変な賑わいになるそう。静けさを味わいたいなら、この日をあえて外して行くのもいいかもしれません。芦ノ湖畔を望むホテルのテラスでティータイムを楽しむのも素敵ですが、遊覧船の乗り場近くにあるフードトラックで買ったコーヒーを片手に、湖畔のベンチで過ごすのもリラックスできる好きな時間です。

昼食は「**箱根暁庵本店　暁亭**」で蕎麦をさくっと、というのがいつものコース。石臼で挽いた蕎麦粉を使った、挽きたて、打ちたて、茹でたての蕎麦はシャキッと爽やかなのど越しが魅力。庭の緑を眺めつつ蕎麦をたぐっていると、心底ホッとできます。

箱根の宿でリピートしているのが、強羅にある「**箱根本箱**」です。自遊人という出版社が運営していることから、〃本との出会い〃〃本のある暮らし〃をテーマにしたブックホテル。その名前の通り、フロントに足を踏み入れた途端、天井まで壁いっぱいに蔵書が収められた本棚に圧倒されます。ここでは読みたかった本、気になる本を気ままに選んで、思う存分、ページを捲れる時間がなんといっても魅力。淹れたてのコーヒーと一緒に部屋に持ち込んでも、名作チェアが並んだロビーでも、本棚のあちらこちらに設けられた隠し部屋のような読書用のスペースでも、心ゆくまで本と向き合うことができます。

ふたりで来てもそれぞれがお気に入りの本を手に、自分なりの時間を楽しめるのが新鮮です。ひとりで滞在している人も多く、宿側も〃おひとりさまウエルカム〃と打ち出しているのがご時世にフィットしていると思います。かくいう私も、初めは女友達とふたりで来ることが多かったのですが、ここならひとりでも居心地がいいとわかって、遅ればせながらのおひとりさま時間を楽しんでいます。

本の流通会社の保養施設をリノベーションしたというこのホテル。大浴場は強羅温泉の古き良き時代の雰囲気を残しつつ、緑豊かな露天風呂も備えています。また、どの部屋にも露天風呂が付いているので、いつでも温泉を楽しむことができます。温泉で日々の疲れを癒やしつつ、気ままに読書を楽しむ。豊富な蔵書の中から、料理のエッセイ、時代小説、画集や写真集と気分のおもむくままに選べるのは本好きにとってはまさに天国。

おひとりさまに優しいこのホテル、食もまた然りです。食事をするのはコンクリート打ちっぱなしのモダンな雰囲気のレストラン。オープンキッチンをぐるりと取り囲むカウンターが特徴的なスペースで、ひとりでも気兼ねなくゆったりコース料理を楽しめるのが嬉しい（グループ客には個室も用意されています）。コース料理をひとりでなんてこれまでは考えられなかったけれど、ここではそれが何とも自然で楽しいのです。

料理は地産地消の精神で選ばれた素材をふんだんに使った〝ローカルガストロノミー〟を掲げた、軽やかなイタリアン。美しいプレゼンテーションも楽しく、気分が上がること間違いありません。ワインのグラスを傾けつつ、満ち足りた時間を過ごした後は、部屋に戻って本を開いているうちにいつの間にか眠りに落ちているという次第。テレビのない客室は、デジタルデトックスするまたとない機会でもあります。

朝食も同じカウンタースペースで。昨夜とは打って変わり、明るい日差しに箱根の山々が見渡せる清々しい空間の中、二宮にある人気の「ブーランジェリー ヤマシタ」のパンに野菜たっぷりのヘルシーなメニューをいただけます。

スタッフのサービスもフレンドリーでいながら、付かず離れずの絶妙な距離感。ひとり旅にいいホテルを知りたいという方に、とっておきのお宿だと思います。

山の上にあるホテルからの帰り道は、箱根登山鉄道を使って箱根湯本まで戻るルートもありますが、車で訪れたときは宮ノ下にある「**富士屋ホテル**」の敷地内にあるベーカリー＆スイーツ「**ピコット**」に立ち寄るのが定番。お目当てのジャリッとした砂糖がアクセントになっているレーズンパンとスパイシーなカレーパンを購入して帰途につきます。数年前に大規模な改修を済ませ、クラシックな雰囲気はそのまま、居心地の良さがアップした富士屋ホテル。久しぶりにこちらのレストランで王道の洋食を味わいたいなと目論んでいます。

どの季節に訪れても癒やされるのが、 箱根を一望できる芦ノ湖周辺。 天気のいい日なら、 遊覧船に乗ってみるのも一興。 湖上に浮かぶ箱根神社の鳥居や富士山などを眺めつつ、 風に吹かれるのがなんとも心地よい。

箱根本箱のロビー。 エントランスを入って目の前に広がる箱根の山々、 両サイドに天井まで設けられた大きな書棚に圧倒されます。 新刊、 古書、 洋書を合わせた蔵書は1万2千冊！ 自由に読むことができて購入も可能。

神奈川・湯河原／箱根　1泊2日旅

車

湯河原旅

1日目　DAY ONE

車で湯河原方面へ

⇩

〈**らぁ麺　飯田商店**〉または〈**しあわせ中華そば食堂　にこり**〉で軽く麺ランチ

⇩

〈**石葉**〉へ。掛け流しの温泉でのんびり。美食も堪能！

＊電車の場合、タクシーで湯河原駅から10分、熱海駅から20分

2日目　DAY TWO

朝食後、おみやげ巡りへ出発

⇩

〈**ブレッド&サーカス**〉でお気に入りのパンを購入

⇩

石葉でも供されている豆腐屋〈**十二庵**〉で湯葉やお揚げ、白和えなどを購入

⇩

道沿いの農園で旬の柑橘類を購入してから帰宅

旅memo

湯河原には立ち寄り湯もたくさんあるので、日帰り旅も可能です。中でも万葉公園内にある〈惣湯テラス〉と〈こごめの湯〉は少し前にリノベーションされてすっかりきれいに。どちらにも美しい深緑が楽しめる露天風呂があって、リトリートにぴったりです。日帰り旅ごはんでおすすめなのが、石葉で料理長を務めていたご主人が湯河原駅近くに開いた和食の店〈お料理　加瀬〉。湯河原の地物を中心に季節感いっぱいの懐石料理がいただけます。お昼には6000円のコースもあるので、ちょっと贅沢なランチに最適。

箱根旅

1日目　DAY ONE

車で箱根方面へ

⇩

芦ノ湖を散策がてら〈**箱根神社**〉へ参拝（天気がよければ遊覧船も）

⇩

〈**箱根暁庵本店　暁亭**〉で蕎麦ランチ

⇩

〈**箱根本箱**〉にチェックイン。 温泉と読書を心ゆくまで楽しんで

＊電車の場合、 箱根湯本駅から箱根登山線で強羅へ

→箱根登山ケーブルカーで中強羅駅から徒歩4分

2日目　DAY TWO

遅めの朝食後はチェックアウトギリギリまで部屋でのんびり

⇩

〈**富士屋ホテル**〉に立ち寄り、 〈**ピコット**〉でおみやげにパンを購入。
お腹次第でティールームでお茶またはランチ

⇩

夕方の渋滞を避けて早めに帰宅

旅 information

石葉
数寄屋造りなど和の建築様式を生かした温泉旅館。近海の幸と地元の無農薬野菜を取り入れた、日本料理を味わえる。
神奈川県足柄下郡湯河原町宮上749

箱根本箱
「本との出会い」をテーマにしたブックホテル。大浴場では２種の泉質が楽しめる。料理は地元や東海道の生産者による自然派のイタリアン。
神奈川県足柄下郡箱根町強羅1320-491

「次に来たときもあるとは限らない」民藝の街を歩く、味わう！

~長野・松本　1泊2日

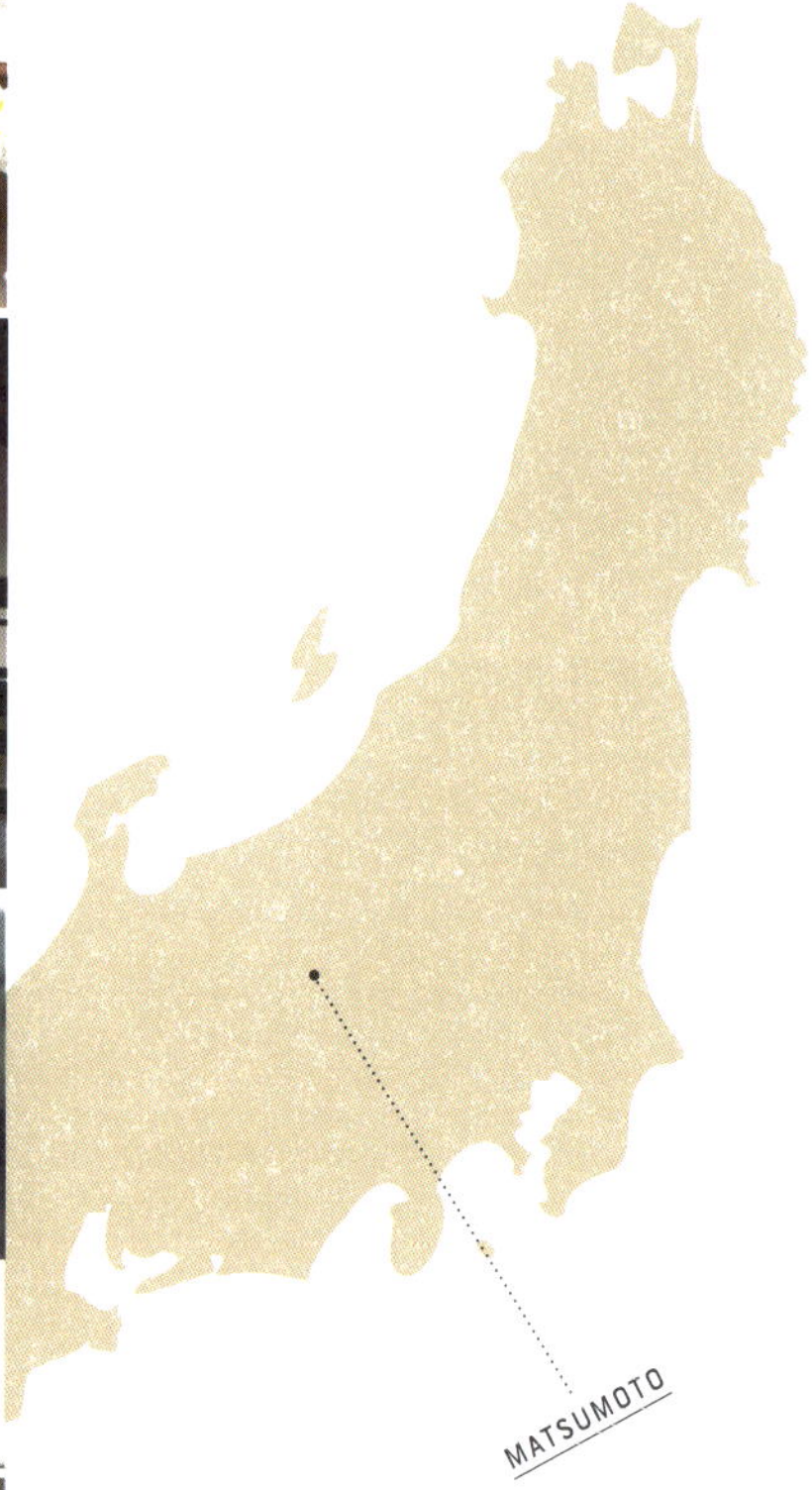

子どもの頃、確か、幼稚園から小学校6年生になるまでくらいでしょうか。夏休みのほとんどを長野で過ごしていました。年子の妹に生まれながらの心臓疾患があり、生まれてすぐと小学校1年生のときに手術を受けていて、その養生のために空気のきれいな場所で過ごすのがいい、となったのがその理由です。松本駅から1時間ほどバスに揺られて行き着く崖の湯という鄙びた温泉地で、お湯がいいのと自然がたくさんある場所ということで、平日は仕事の父を東京に残して、母と妹と3人で夏休みの3週間ほどを滞在していました。

周りには本当に自然しかありません。することといえば木に登ったり川遊びをしたり、旅館で飼っている犬たちと遊んだり、生えている花の蜜を吸ったり、桑の実や蛇いちごを食べたり……と今振り返ってみると野生児のよう。そんな日々の中、たまに出かける楽しみが一日3本しかないバスに乗って松本に行くことでした。

松本では市民プールで泳いだり、図書館で本を借りたりして、ランチに洋食を食べてから、パフェやアイスクリームをはしごするのが何よりの楽しみでした。そんな記憶の数々を思い起こすと、子どもの頃から食い意地が張っていたんだなあとおかしくなります。自然いっぱいの中で過ごしたおかげか、妹はすっかり元気になり、中学校に上がる頃には温泉地で過ごす夏休みは終わりを迎えました。

その後、松本を訪れたのは2013年にまつもと市民芸術館で行われた十八代目中村勘三郎さん追悼の立川談春師匠の落語会でした。そんな松本を久しぶりに訪れたくなったのは、コロナ禍をきっかけに八ヶ岳と東京の2拠点生活を送る友人が松本にすっかり魅了されているという話を聞いたからです。街並みが落ち着いていて、センスのいい民芸品やうつわのお店を散策しているだけでも楽しいと。もちろんお蕎麦や地のものを使ったおいしい飲食店も多くて……と熱く語る友人の言葉に、食いしん坊として行かないわけにはいきません。

年に一度、5月に開かれるうつわや木工などの作家さんの作品が集まるクラフトフェアはあいかわらずかなりの人気で、その時期の松本の街は熱く盛り上がっているとのこと。そんなクラフトフェアを翌週に控えた初夏の松本を訪ねてみました。

店主の美意識が行き届いた蕎麦店へ。うつわ巡りでは思わぬ出会いを大切に

松本へはJR新宿駅から出ている特急あずさで2時間半ほど。せっかくなのでお昼ごはんに間に合う電車で出発しました。車窓を流れる山の景色に癒やされているうち、松本駅に到着します。まずは荷物を預かってもらうため、本日のお宿、松本城からほど近い「**松本丸の内ホテル**」へ。国宝の天守を有する松本城近く、三の丸地区に建つホテルで、1937年に建築されたレストラン棟は国指定の登録有形文化財なのだそう。どこかクラシックで温かみのある雰囲気がヨーロッパのプチホテルのようです。聞けば、松本郊外にある扉温泉の名旅館、明神館の経営なのだそう。かねてより泊まってみたいと思っていた旅館の経営と聞いて、そのしつらえのセンスの良さに納得。

松本の1食目は長野ならではのお蕎麦をいただきました。それぞれ特徴がある名店も多い中、どうしても行ってみたかったのが「**三城**《さんじろ》」です。清々しい真っ白い壁にかかった藍色の暖簾をくぐると、渋い紬《つむぎ》を着こなした店主が迎えてくれます。ご主人の美意識が、しつらえからうつわ使い、自家製蕎麦粉で打つ蕎麦、お酒に至るまで行き届いていて、穏やかながらも凛とした空間にこちらも背筋がシャン！となります。うつわも魯山人や河井寛

次郎作といったものがさらっと出てきますから、心して対峙しましょう。

メニューは打ちたての冷たい蕎麦が主役のおまかせ。まずは旬の素材をシンプルに仕上げた一品がひとくちの日本酒と一緒に供され、あとは潔く蕎麦のみ。角が立った打ちたての蕎麦は、香りがスッと立ち上ります。よく蕎麦の香りが鼻に抜けると言いますが、こちらの蕎麦をいただいたときに初めて実感。キリッとしたつゆとの相性もいい塩梅で、のど越しも爽やか。蕎麦湯とともに、ふっくら炊かれた花豆の甘煮と自家製の漬物が供されるのですが、甘みと塩けについつい蕎麦湯が進んでしまいます。食後は、満腹なのに身体の隅々まで浄化されたよう。もう十分大人ですが、この店の蕎麦をいただくと大人になったなあと改めて感じてしまいました。


お腹が満ち足りた後は、三城からもほど近い「**四柱神社**」で旅の安全を願ってお参りをして、いよいようつわや民芸の店を巡ります。まずは個性的なお店が集まる六九ストリートへ。松本を代表する木工作家、三谷龍二さんがオーナーのセレクトショップ「**10cm**」を訪ねました。三谷さんの作品といえば熱烈なファンも多く、普段はなかなか出会えません。何に出会えるかはそのときのお楽しみですが、ここ10cmでは直接手に取れる贅沢を味わえます。うつわのほか、センスのいいクロース類、オリーブオイルや珈琲豆などの食材も。今回は三谷さんらしい彫り目が特徴的な折敷と木製のパスタフォークをウキウキと購入。「次に来たときもあるとは限らない」というのが、私が旅で常々感じていること。旅でのお買い物は一期一会。思わぬ出会いがあるからうつわ屋さん巡りはおもしろいのです。

センスのいい雑貨とカフェの店「**ラボラトリオ**」を覗いたら、お隣のかごバッグ店「**カゴアミドリ**」へ。長野の作家ものはもちろん、スペイン、イタリア、果てはエチオピア産とその圧巻の品揃えはかごバッグマニアも目を見張るはず。ちなみにこのときは、マダガスカル産のラフィアのトートバッグに一目惚れ。トゲトゲするラフィア素材が多いなか、表面が滑らかに仕上げられていてとても軽い。しかもクッションのような中敷きが付いていたり、赤とグリーンと白の国旗があしらわれていたりとハートをわし掴みにされました。

歩いて回れる規模感が松本の良さ。松本ならではの定番と老舗を巡る

うつわ巡りをしていて小腹が空いてきたら、1966年創業という昔ながらの洋菓子店「**マサムラ**」本店でおやつを。柔らかめの皮にカスタードクリーム入り、生クリーム入り、その両方のハーフ＆ハーフ、カリカリ香ばしいクッキータイプと名物のシュークリームは4種類。ミニサイズの〈ベビーシュークリーム〉もあるので、こちらを欲張って2種類選び、紅茶といただきました。ベビーと名付けられてはいますが、口溶けのいいクリームが隅々までたっぷり。人気ナンバー1というのも頷けます。

〝ライフ値〟も元通りになったので、その勢いでおみやげを調達しに老舗菓子店「**開運堂**」へ。新栗を使った〈渋皮付新栗甘露煮〉、シナモンが香るポルボローネの〈白鳥の湖〉を購入。さらに酸化防止剤（ビタミンC）などが一切使われていないまさに搾りたて、完全無添加のりんごジュースも見つけたので、わが家と友人へのおみやげとして宅配便で自宅へ送りました。

りんごといえば、信毎メディアガーデンの中にある「**ポムジェ シードル・アンド・ボンボン**」はその名の通り、シードルやりんごジュース、焼き菓子などが勢揃いしたりんご専門のセレクトショップ。シードルは甘さ・辛さ

別に圧巻の品揃えで、どれにするか迷ってしまうほど。あえて〝ジャケ買い〟するのも一興かと。こちらには食材や調理道具のセレクトショップ「マルクト」やアウトドアショップも。3階にある「**松本ブルワリー タップルーム 本町店**」では、夕暮れどきのテラスでぜひクラフトビールを一杯。暮れていく外を眺めながら喉を潤すのは最高に気持ちよかった!

松本の街を歩いていると、ちょっとしたカフェやバーが多いことに気づきます。ひと休みする場所に事欠かないのは旅人的に嬉しいポイントです。

松本を代表する木工作家、三谷龍二さんがオーナーのセレクトショップ「10cm」では、希少な作品に直接触れられるまたとないチャンス。使い勝手のいい折敷やサラダボウル、木製のカトラリーなどの“お宝”にワクワク。

「時代遅れの洋食屋 おきな堂」のボルガライス。あれもこれも食べたい!という食いしん坊必食の一品です。童話に出てくるような内装が雰囲気ある店内でいただく王道の洋食は、どれもボリュームたっぷり!

一度ホテルに戻ってひと休みしたら、いよいよお待ちかねの晩ごはんです。せっかく松本に来たのだから郷土料理をいただきたい、そして観光客だけでなく、地元の人々にも愛されているお店に行きたい、ということで居酒屋「**しづか**」へ。松本民芸家具で調えられた店内は雰囲気たっぷり。旬の野菜に地ものきのこや山菜、信州サーモンに鯉やイワナといった川魚、名物の馬刺し。そして鶏もも肉を一枚まるごと大胆に揚げた山賊焼きなどの郷土料理に加え、おでんやなんとナポリタンやカレーまでメニューは多岐にわたります。

ガリッと衣が香ばしい山賊焼きはジューシーでパンチがあり、印象に残るおいしさ。名物は食べ逃すまいといろいろ頼むとお腹がいっぱいになりますが、締めは欠かせないのが食いしん坊のサガ。迷いすぎてお店の方に尋ねてみたところ、地元ファンも多いという人気のカレーをチョイス。おすすめされた通り、スパイシーであとを引く隠れた逸品でした。ライトアップされた松本城を眺めながらぶらぶら歩いてホテルに戻り、1日目は終了。

民藝の魅力の源泉を辿れば ものを選ぶときの感覚が変わる

旅の2日目は、松本が民藝の街と言われるルーツのひとつである「**松本民芸館**」からスタート。郷愁をそそられるなまこ壁の蔵造りの建物が迎えてくれます。門をくぐった先のこぢんまりとした庭は、自然のままのように見えながら計算された木々の配置がいい風情。訪れた5月は新緑の季節で、気持ちのいい気候と相まって期待感が高まります。

「用の美」を提唱し、民藝の父と呼ばれる柳宗悦に共鳴した丸山太郎氏が収集した品々は、家具などの調度品から、食器や調理道具、壺、衣類など日本のみならず海外のものまで多数展示されています。中には著名な作家のものもありますが、ゆったりと並べられた品々の多くは名もなき職人の手によって作られたものばかり。収蔵する6800点近くのうち、常時約1000点ほどが展示されているそう。

誰が作ったか、いくらぐらいの価値があるのかということではなく、そのもの自体の美しさを基準に収集したと語っている丸山氏。彼の審美眼に適った民芸品の数々は、詳しい説明がないゆえに、前情報によらず直感でそのものを感じ取ってほしいという想いが溢れているように思いました。民芸品というと素朴でシンプルというイメージがありますが、こちらに来るとどこかモダンだったり、装飾的だったり、さらにはユーモラスだったり、可愛かったりと民藝に対するイメージが変わり、改めて注目を集めていることにも納得がいきます。今の生活にもしっくりなじむうえに、いいスパイスになってくれるものがたくさんあることを今回の松本旅で知りました。

松本市内の中町通りにある民芸品の店といえば誰もが知っている「**ちきりや工芸店**」。丸山氏の実家であり、氏がかつてデザインした棚や意匠が今も使われていると聞き、そちらもお邪魔してみました。松本民芸館の方針と同様の審美眼に則った、国内外の窯元の焼物や染め物、かご類などが充実していました。

ランチは、古き良き昭和の香りのする「**時代遅れの洋食屋　おきな堂**」へ。創業は昭和8年、菓子店の喫茶部からスタートしたというこちらのお店は、地元の人に愛され続ける老舗が多い松本の中でも気軽に立ち寄れて、昔懐かしの洋食がいただけると人気なのだそう。街の中心を流れる女鳥羽川沿いにあるクラシカルなファサードから足を踏み入れれば、高い天井に陶器製のランプシェード、使い込まれた家具たちが醸し出す温かみのある雰囲気に和みます。

　オムライスやハヤシライス、地元豚のポークステーキなどが並ぶメニューの中で目を引いたのが〈ボルガライス〉なる一品。ハヤシソースがかかったオムライスに、チキンカツが添えられたボリュームのあるワンプレート。オムライスっておいしいけれどすべてが柔らかいので、食べ進むうちに少し飽きてしまう……という小さな不満が、カリッとジューシーなカツによってメリハリがついて、ずっとおいしく食べることができます。あれもこれも食べてみたいという欲張りな願いを叶えてくれる一品に大満足。さらに、食後に出されたアイスコーヒーに浮かべられていたのが、コーヒーを凍らせた氷。薄まらないようにというさりげない心遣いは、ささやかなことかもしれませんが、旅の思い出がより素敵なものになった気がします。


　ランチの後は、中町通りの散策へ。家具はもとより、うつわや布なども多数取り扱っているギャラリー的な「**松本民芸家具　中央民芸ショールーム**」、店主の審美眼がそれぞれ個性的な「**陶片木**」や「**工藝マエストロ**」といったセレクトショップ、通り沿いの看板もレトロで素敵な「**伊原漆器専門店**」、そのほかおみやげにも良さそうなお店が多数点在していて、あれもこれもほしくなってしまいますが、ここではじっくり品定めしながら本命を探すのが吉。

　中町通りの端にあるのが、２０２４年にできたばかりのお餅とちまき、おかきを扱う「**餅屋 と亀**」。鰻とすっぽん料理の名店で知られる「**山勢**」のご主人が開いたお店です。松本産の古代米をギリギリまで水分量を減らして搗《つ》いたという〈自然餅〉は、玄米ならではの滋味深い甘さと香ばしさがたまりません。コックリとしたタレに煮豚や落花生がアクセントに入ったちまきもおみやげにぴったり。ご主人が営む「山勢」はなかなか予約が取れない人気店ですが、週末限定でこちらで「山勢」の鰻重をテイクアウトできます。帰宅が土日に当たった今回は運よく入手することができ、帰りのあずさの中で夕食として楽しみました。ふっくら香ばしく焼き上げられた鰻は絶品。機会があればぜひトライしてみてほしい逸品です。

親しい人にお裾分けするのはもちろんですが、帰宅した後にも旅の楽しさを反芻できるのがおみやげの魅力。おすすめは、松本城からほど近い、お漬物と味噌のお店「**萬年屋**」。信州ならではの各種味噌以外に、自家製のお漬物をぜひ。野沢菜漬けは信州名物としていろいろなところで見かけますが、こちらのものは自然な色合いと味わいです。

そして、私が旅に出ると必ず購入するのが地酒。夫も息子も日本酒が大好きなので、地元でしか手に入らないお酒は何より喜ばれます。ネット通販が発達した今であっても、知られざる銘柄や限定品が買えるのは旅先ならでは。宅配便で送れば翌日には届くので、重い瓶を持ち運ぶことなく自宅で希少な味を楽しめます。今回は信州の銘酒、宮坂醸造の真澄、大信州酒造の大信州、酒千蔵野の川中島 幻舞などのマニアックな銘柄を「**三代澤酒店**」で購入しました。

松本マニアの友人のナビゲートによる今回の松本旅。たくさん歩いて（毎日1万歩を軽く超えていました！）、民藝の魅力を知り、古き良き味わいに舌鼓を打ち、幼かった頃の思い出に触れることができた、新しいのにどこか懐かしい時間でした。次回は、初のクラフトフェア参戦を心に誓って。

長野・松本　1泊2日旅

電車+徒歩+タクシー

1日目　DAY ONE

特急あずさで松本へ

⇩

〈**松本丸の内ホテル**〉へ荷物を置いて身軽に

⇩

料理もしつらえも美意識が行き届いた蕎麦の名店〈**三城**〉へ

⇩

〈**四柱神社**〉でお参り。旅の安全を祈願

⇩

六九ストリートで〈**ミナ ペルホネン松本店**〉などを巡り、
三谷龍二さんのセレクトショップ〈**10cm**〉へ

⇩

雑貨とカフェの店〈**ラボラトリオ**〉と
圧巻の品揃えのかご店〈**カゴアミドリ**〉を訪ねる

⇩

〈**マサムラ**〉の愛らしいベビーシュークリームでひと息

⇩

松本の老舗菓子店〈**開運堂**〉で地元おなじみの銘菓をおみやげに

⇩

信毎メディアガーデンへ。
りんご専門ショップ〈**ポムジェ シードル・アンド・ボンボン**〉でおみやげを購入。
〈**松本ブルワリー タップルーム 本町店**〉のテラスでクラフトビールで喉を潤す

⇩

〈**しづか**〉で信州サーモンや山賊焼きなど地元料理に舌鼓

⇩

宿泊

2日目　DAY TWO

朝食後、タクシーで〈**松本民芸館**〉へ。民藝の街と言われるルーツを尋ねる

⇩

中町通りでうつわ巡り。

〈**ちきりや工芸店**〉〈**陶片木**〉〈**工藝マエストロ**〉〈**伊原漆器専門店**〉

〈**松本民芸家具　中央民芸ショールーム**〉などへ

⇩

〈**時代遅れの洋食屋 おきな堂**〉でボリュームたっぷりの洋食ランチ

⇩

〈**餅屋　と亀**〉でおみやげを買いつつ、夕ごはん用に〈**山勢**〉の鰻重をテイクアウト

⇩

最後のおみやげ調達へ。

漬物と味噌のお店〈**萬年屋**〉、信州のお酒が豊富に揃う〈**三代澤酒店**〉へ。

重たいお酒は宅配便で送って

⇩

特急あずさで帰京

旅information

松本民芸館

昭和37年に「ちきりや工芸店」の主人、丸山太郎氏により創館。箪笥や行李、陶磁器、ガラス器など日本のみならず、世界の手仕事の逸品、約6800点が収蔵されている。

長野県松本市里山辺1313-1

旅memo

毎年５月末に開催される「クラフトフェアまつもと」は、出展数250以上の大規模なもの。期間中は市内のホテルやレストランなどが軒並み混雑するので、前々から予約をするのがおすすめだそう。ちなみに、松本にはBAR文化も息づいていて、オーセンティックな雰囲気がお好みならMAIN BAR COAT（メインバーコート）、ナチュラルワインを楽しみたいならpeg（ペグ）や景色（ケシキ）へ。

うどん＋αの旅。瀬戸内で
基本調味料〝さしすせそ〟を巡る

～香川・高松／小豆島／三豊　2泊3日

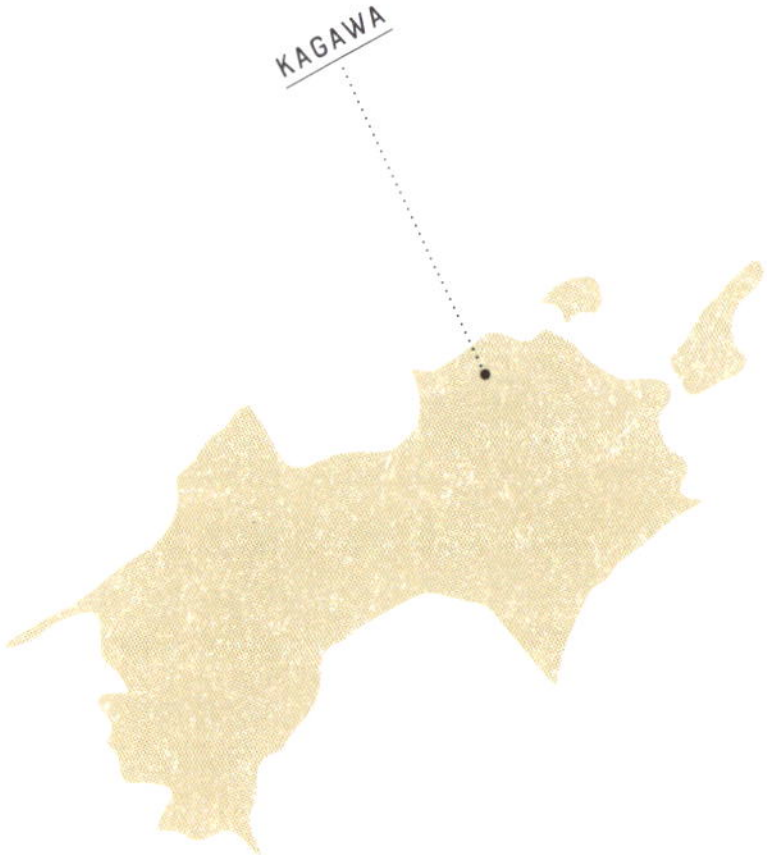

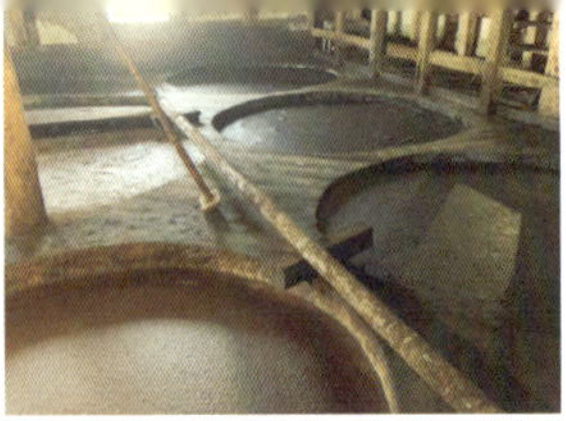

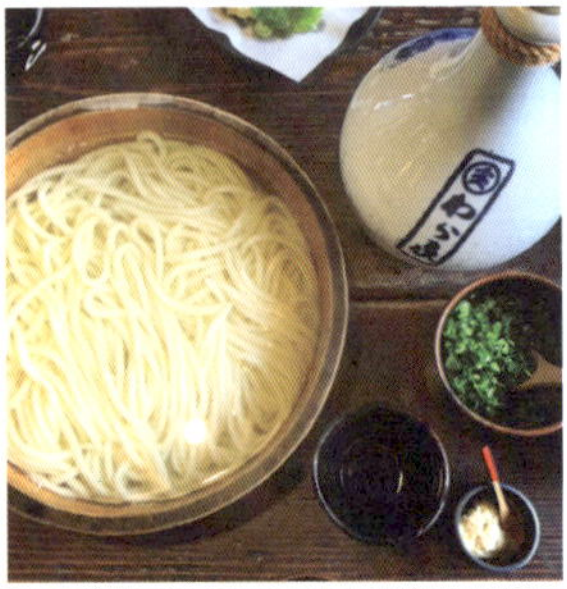

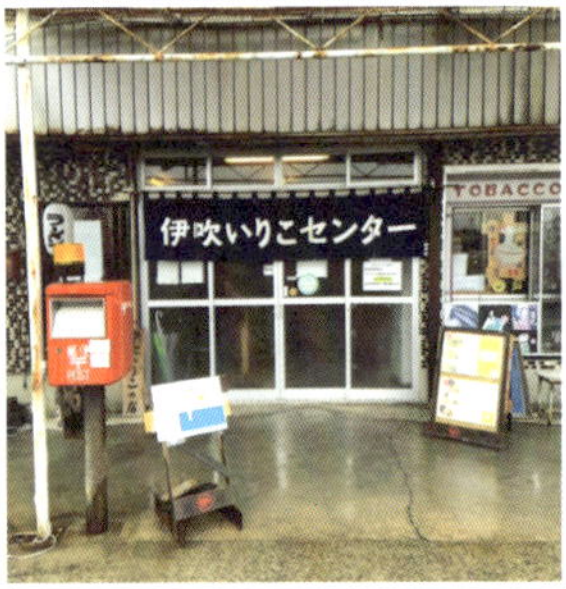

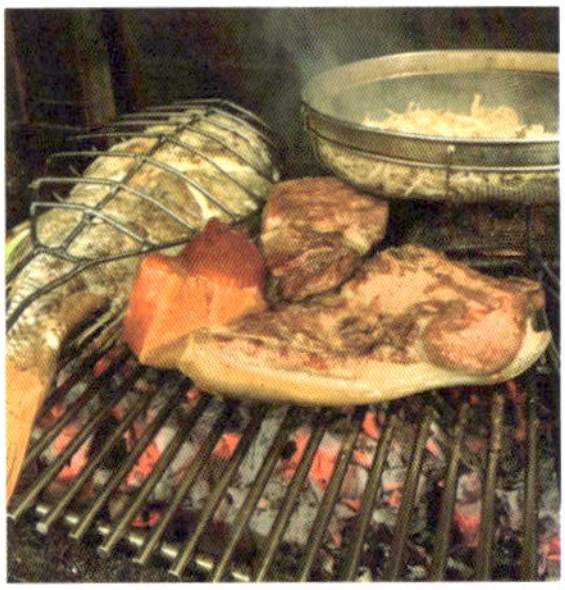

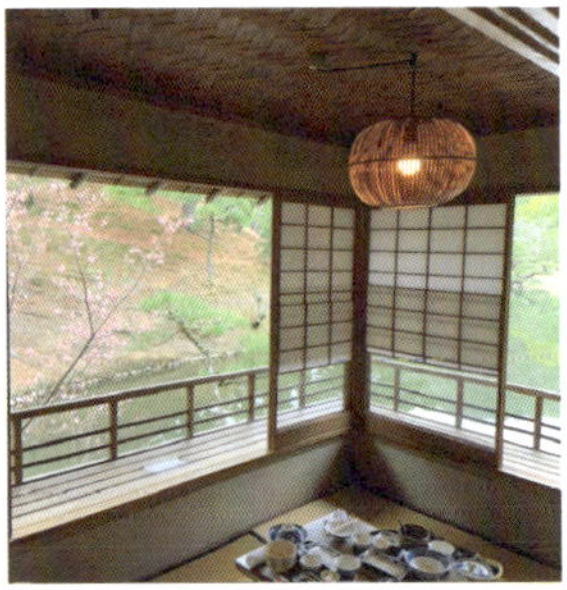

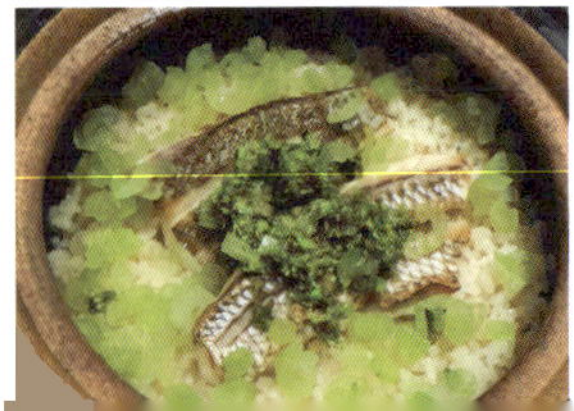

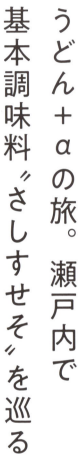

別名〝うどん県〟とも呼ばれる香川県。麺好きな私にとって、おいしいうどんが食べられる香川県はまさにパラダイス。茹でたてのさぬきうどんはモチモチと弾力のある食感に、ツルツルと滑らかなのど越しが格別。冷水でキリッと締めた冷たいのも、黄金色の透き通ったいりこだしつゆのあったかいのも捨てがたい。高松に製茶問屋を営んでいる友人夫妻が住んでいることもあり、「あのおいしいうどんが食べたいなあ」となったらフラッと訪れる、そんな場所となっています。

うどん店は至る所にあり、香川県人は大げさでなく毎日うどんを食べていて、お米と同様と言えるほど日常生活になじむものになっているのだそう。そんなソウルフードだけに誰もが行きつけのお店をいくつか持っていて、気分によって使い分けているとのこと。

「おいしいうどん屋」と検索すれば、出てくる出てくる。24時間営業もあれば2時間しか営業していないお店、セルフサービスで店の横にある畑で自分でネギを切ってくるお店と、本当に多種多様。いまや人気のお店は長蛇の列に耐えないとありつけません。とはいえ、香川にはおいしいうどん屋さんがたくさん。どこで食べてもおいしいさぬきうどんですが、私なりに気に入ったお店をいくつかご紹介します。

冷たいの温かいの、鍋焼きに釜あげ。個人的おすすめうどん店

まずは、高松空港の近くにある「**かわたうどん**」は、昼どきに到着してすぐにお昼ごはん、というときにありがたいお店。鍋焼きうどんが名物で、滑らかでモチモチの麺と甘めのつゆが相性抜群。海老天や練り物、野菜な

どに加えて、嬉しいことに丸餅まで入っています。揚げ餅うどんをメニューに見つけると無条件に選んでしまうほどお餅に目がない私にとって、たまらないラインナップなのです。熱々の鉄鍋からとんすいに取り分ければ、早くもうどん県に来たことを実感します。

高松市の中心部にある「**手打ち一本まさ屋**」は友人行きつけのお店。多くのさぬきうどん店で定番となっているお盆を持って並ぶセルフスタイルで、茹でられてすぐのうどんが目の前で手渡されます。観光客も訪れるけれど地元っ子がほとんどという気負いのない雰囲気で、昼どきにちょっと並ぶくらい、というちょうどいい感じのお店です。肝心のうどんは少し細めながらモチモチ感はしっかり。大きなお揚げにかぶりつけばジュワッと甘めのおだしが溢れ、揚げ物はタイミングよく揚げたての熱々が供されるのも嬉しい限り。

瀬戸内海を見渡せる景勝地、屋島の山麓にある屋島神社の鳥居前に建つ大きな藁葺き屋根が目印の「**ざいごうどん本家　わら家**」は、たらいで供される釜あげうどんが名物。熱々のうどんがたらいの中で泳ぎ、湯気が立ち上るというビジュアルはエンタメ性も抜群。つゆが大きな徳利に入ってくるのにもそそられます。長めの麺は、箸ですくうとその密度と弾力を十分に感じられ、甘さ控えめのつゆは、主役の麺の小麦の香りを引き立てるいい塩梅となっています。朝から営業しているので、朝食がわりにいただいても。

高松から少し足を延ばして、三豊にあるおすすめ店が「**うどん松ゆき**」。流れるように盛り付けられた色白のうどんはうっとり美しく、見惚れてしまいます。低温熟成させた中細麺は驚くほどののど越しの良さで、冷やかけはツルツルとモチモチの二重奏であっという間に完食してしまいます。温かいおうどんのだしはいりこと昆布で、こちらも軽やかなおいしさ。これなら冷たいのと熱いの、どちらもいけるのではと思うほど。

金毘羅さんのある琴平でぜひ行っていただきたいのが、お母さんおひとりで切り盛りしている「**うどんや井上**」

で、昔ながらのうどん屋さんといった趣の店。こちらのうどんはお母さんの手切りによるランダムなうねりのあるうどんが特徴で、生醤油や鰹節が香る優しいつゆと少し柔らかめのうどんが素朴な家庭料理としてのルーツを感じさせます。よく煮込んだしみしみのおでんも最高。長い串に刺さったスジやこんにゃくに香川ならではの甘辛い味噌を付けていただけば、うどんのお供にぴったりです。

つらつらと数軒あげましたが、あくまでも私の好みと経験からのおすすめ。香川を訪れた際にはぜひいくつか回ってみて、お気に入りのうどんを見つけてください！

お遍路さんに島巡りに。香川の魅力はうどんだけじゃない

香川旅のプランはいろいろありますが、お遍路さん（四国八十八ヶ所霊場）の一部を訪れてみるのはいかがでしょうか。弘法大師ゆかりの仏教寺院88ヵ所を巡る四国遍路のうち、23ヵ所あるのがこの香川県。1ヵ月以上かけて歩いて回るお遍路さんにいつかは挑戦してみたいと思いつつ、一度に回るのは相当大変そうです。香川は比較的狭い範囲に霊場が集まっているので、気になるお寺を選んで回るだけでも十分お遍路さん気分を味わえます。どのお寺も歴史があり、霊験あらたか。お参りするたびに身も心もシャキッと引き締まるよう。

これまで訪れた中で印象に残っているのは、瀬戸内海を見渡せる「屋島寺」に、宇多津にある「郷照寺」。東京に住む私にとって、瀬戸内海の風景はやっぱり憧れ。穏やかに広がる青い内海に大小無数の島々が連なり、どこまでものんびり。行き交う船を眺めているだけで時間を忘れられます。

高松港から島に渡るのもおすすめです。香川という地は〈砂糖、塩、酢、醬油、味噌〉という基本調味料すべてが、昔ながらの製法で作られている場所でもあるのです。それらすべてを巡る旅をご紹介します。

小豆島へは高松港からフェリーに乗っておよそ1時間。穏やかな海は揺れをほぼ感じることなく、風光明媚な景色が続きます。気候のいい季節なら、デッキのベンチで潮風に吹かれながら海原を眺めるのも最高のデトックスです。小豆島は温暖な気候から育まれた島の恵みによる食文化が古くから息づく場所。日本で最初に栽培に成功したと言われるオリーブ、そうめんや醬油、そしてわが家でも愛用しているごま油のかどや（かどや製油）は小豆島に工場があるのを訪問して初めて知りました。

まずは、ずっと木桶仕込みにこだわっているという「**ヤマロク醬油**」へ。こちらでは大きな木桶が並ぶ蔵の中を見せていただけます。受付を済ませたら、他の菌を持ち込まないようにブラシをかけてから入室。醬油の菌はとても繊細なので、強い納豆菌などを持ち込んだらひとたまりもないからです。麹のいい匂いのする蔵の中は不思議と落ち着く空間。大きな木桶の周りにふわふわとした発酵菌が何層にも重なっていて、思わず触れてみたくなりますが、それこそ大変なことになってしまうのでグッと堪えて眺めるだけに。このふわふわの菌こそ、何百年もかけて蓄積したその蔵ならではの財産なのです。

見学後は利き酒ならぬ、利き醬油を体験できます。しっかり熟成させた名物の〈鶴醬《つるびしお》〉は、角が取れたまろやかでコクのある味わい。一方、熟成1年半ほどの〈新桶初搾り〉はあっさりしていて何にでも使いやすそうです。

さらに小豆島で楽しみにしていたのが、「**なかぶ庵**」の生そうめんです。以前、おみやげでもらってそのおいしさにすっかりファンになってしまったもの。いつも食べている乾麺タイプのそうめんとは全く違う、独特ののど越しと強い弾力は唯一無二。作業場の横にあるお店でいただけるのは、潔く生そうめんと釜揚げうどんだけ。

できたて、茹でたてのつるしこ食感を満喫できて大満足でした（要予約です）。

実は知られざる「フルーツ県」。旅先だからこそ味わいたいおやつ

再びフェリーに乗って高松へ。小豆島の土庄港《とのしょうこう》から高松港へは1時間に1本運行しているので、気軽に行き来

日本のウユニ塩湖と呼ばれる父母ヶ浜。潮が引くとところどころに潮だまりを残した遠浅に。その水面を利用して鏡のように逆さに映るフォトジェニックな一枚を撮るのがお約束。夕焼けもブルーの世界も、どちらも神秘的。

古民家をそのまま使った併設のカフェ、やまろく茶屋では、しょうゆプリンや水出しコーヒーなどをいただけます。醤油でコクを出したちょっと甘じょっぱいプリンに苦みを抑えたコーヒーが好相性。

できるのが魅力。ここ数年、すっかり定番のように訪れているのが「**ひだまりかき氷スタンド**」。どこに行っても〝かき氷〟と検索しちゃうくらいのかき氷好きなのですが、5年前の初香川旅で出会ったのがこちらでした。

香川県は量は多くないながら、さまざまな果物を栽培しているフルーツ県。みかんやはっさくなどの柑橘系はもちろん、いちご、キウイ、桃、すもも、いちじく……これらを旬のうちに、同じく地産素材である和三盆糖でシロップに仕立てているのです。ふんわり削られたまんまるなかき氷にたっぷりとかけられた自家製シロップのおいしいことといったら！〈和三盆糖と瀬戸内レモン〉の組み合わせや、おいりと呼ばれるひなあられのようなカラフルでまんまるな餅菓子をあしらった〈さぬきいちご〉など、ビジュアルからして心弾むラインナップが四季折々、出迎えてくれます。

かき氷以外にも楽しみたいのが、銅板で焼くホットケーキです。さぬきうどんのために開発された小麦粉「さぬきの夢」を使ったもうひとつの名物で、柔らかめの生地を20分ほどかけてじっくり焼き上げるので実にふわふわ。自家製のコンフィチュールで味変すれば、最後まで食べ飽きません。中でも和三盆糖になる前の黒砂糖、白下糖《しろしたとう》のコクのある甘さはバターとの相性が抜群で、そこにレモンを搾れば爽やかな酸味が絶妙で忘れられない味わい。前回訪問した時は目の前の公園の桜がちょうど満開で、淡いピンクの桜吹雪を眺めながらいただきました。旅先でのほっこりとしたおやつ時間は、旅の思い出をさらに印象深いものにしてくれるような気がします。

せっかく瀬戸内に来たからには海の幸も味わいたい。となれば、高松アーケード近くにあるカウンター割烹「**魚料理おか**」へどうぞ。ソロオペでご主人が繰り出してくる、センスの良い、ひと工夫が冴え渡ったお料理の数々に感動すること間違いなし。締めの炊き込みご飯まであまさず堪能したい名店です。

高松の観光名所「**栗林公園**」は皆さん、よく訪れると思うのですが、園内にあるお茶室「**花園亭**」で〈碁石茶の茶粥〉を朝ごはんにいかがでしょう？　高松藩主松平家の別邸として３００年近く前に完成した広大な庭園には池と築山が巧みに配され、散策するのにピッタリ。その中のお茶室で庭園の木々を愛でながらいただく、ほどよく塩がきいた茶粥のおいしいこと！　清々しい朝のひととき、なかなか貴重な体験になると思います。

さ〈砂糖〉、し〈塩〉、す〈酢〉、そ〈味噌〉の逸品を訪ねて

和三盆糖が日常でも愛されている香川県。小豆島の醤油に続いて、２つ目の調味料〈砂糖〉を調達しに出かけたのが、香川東部にある「**三谷製糖羽根さぬき本舗**」です。１８０４年の創業から続く讃岐和三盆の老舗で、地元産サトウキビを使い、昔ながらの製法で作り上げた〈讃岐和三盆糖〉は優しい甘みと粉雪のような口どけが特徴。何に使えばいいのかと悩むかもしれませんが、コーヒーや紅茶など飲み物にはもちろん、料理に使えば素材の良さを引き立ててくれます。ちなみに、米粉やでんぷんなどを使わない和三盆だけで作られたこちらの干菓子は、柔らかな色合いで上品な甘さを堪能できる一品。おみやげにもぴったりです。

醤油、砂糖ときて、次は塩、味噌、酢との出会いを求めて、高松市から西へ車で1時間ほどの三豊市へ。瀬戸内海に面した美しい自然が暮らしの中にある町で、町のシンボルは潮が引くと広大な干潟が現れる「**父母《ちち》ヶ浜《ぶ》**」。〝日本のウユニ塩湖〟とも呼ばれる潮だまりのそばに立って写真を撮れば、人物や空が水面に映る幻想的な一枚に。SNSで大人気のショットを撮ってみるのも一興です。

この父母ヶ浜の目の前にあるのが、一棟貸しの宿、「**クーベル**」です。〝クーベル＝焚《く》べる〟から名付けられたお宿では、薪火で焼く地産地消の料理が楽しめます。瀬戸内の海水から作られた塩は、満月と新月では含まれるミネラル分の差で微妙に味わいが違うそうで、新月の塩はさっと燻したシマアジのカルパッチョに、満月の塩はふっくらと焼き上げた鶏肉や赤身の牛肉に、と使い分けているそう。食べ比べするのもなんだか楽しいうえに、薪火料理は炭火とはまた違う香りの良さも魅力。暖かな火をボーッと眺めているだけでも癒やされました。

翌日は近くの漁港前にある「**讃岐らぁ麺 伊吹いりこセンター**」で朝ラーメンを。いりこだしの加工センターかと思いきや、こちらはいりこのスープがおいしい人気のラーメン店とのこと。朝からラーメン？ 大丈夫か？ との一抹の不安はひと口食べた途端、どこへやら。いりこのスープは驚くほどクリアで香りよく、味わい豊か。パツパツの茹でたて麺を啜り、スープも完飲。大げさでなく、人生でベストかもと思える感動の一杯でした。

いよいよ残るは、酢と味噌。宿の周りを散歩しているときに見つけた、黒壁にレンガの煙突が目を引く「**中橋造酢**」に伺いました。こちらは１７４１年創業の江戸時代から続くお酢の醸造蔵。今も伝統の杉樽で発酵させているという〈仁尾酢〉はコクがあってまろやか、上品な甘みも心地よいお酢。いつもの料理をブラッシュアップしてくれそうです。米酢のほかに梅、柑橘、桃、いちじくなどを使ったフルーツDE酢もあり、炭酸や水で割ればヘルシーなヴィネガードリンクになると聞いて、こちらもわが家へのおみやげに数本購入。ちなみに予約をすれば１００年以上使っている杉樽で仁尾酢が発酵している様子も見学できます。

最後は三豊から高松に戻る道すがらにある「**丸岡味噌麹製造所**」へ。三野町宗吉の荘屋丸岡家の分家が創業した歴史ある味噌蔵で、昔ながらの製法で作った味噌はやはり味わいの複雑さが違います。自宅で作れる味噌のキットや塩麹や甘酒も扱っており、女将さんが丁寧に教えてくれます。これで基本の５つの調味料が揃いました！

香川に来て知ったのが、昔ながらの作り方を当たり前のように続けている生産者の方がいて、そこで生み出される製品が今も多くの人から愛されているということ。時間をかけて丁寧に作られたものはどれも香り豊かで角がなく、まろやか。上質な調味料は素材を味わうシンプルな料理に使うと、素材の良さが格段に増すことを実感します。

最後に……香川名物としてうどんと和三盆という2大スタメンに加えたいのが、白味噌を使った〈あんもち雑煮〉と〈さぬきマルベリーティー〉です。あんもち雑煮は高松アーケードにある甘味処「ぶどうの木」で。お正月に食べることが多いこの郷土の味を通年いただけます。関東の人間からすると意外な取り合わせの甘じょっぱい一品は、一食の価値あり。お取り寄せもできるので、帰り際に手配すれば帰宅後に楽しむことができます。

マルベリーティーは「西森園」のものがお気に入り。さぬき市の緑生い茂る山間部に自生する桑の葉を季節のうちに収穫し、日本茶と同じように深蒸しにしてから手揉みで仕上げたハーブティーです。鮮やかなグリーンと瑞々しい飲み口で、しかもノンカフェインなので妊婦さんや子どもも安心して飲むことができます。桑の葉を収穫するおばちゃんたちをモチーフにしたパッケージも可愛らしく、どなたに差し上げても喜ばれます。

うどんも素敵だけどうどんだけじゃない、ということを伝えたくて、〝さしすせそ〟の調味料を巡る香川旅をご紹介しました。歴史が息づき、昔ながらのお店が愛され、おいしいものがいっぱいの香川県は、何度も通いたくなる魅力に溢れた場所なのです。

香川・高松／小豆島／三豊　2泊3日旅

飛行機＋船＋レンタカー

1日目　DAY ONE

飛行機で高松へ。 市内の宿で荷物を預けて身軽に

⇩

高松港から小豆島へ渡り、 レンタカーを借りる

⇩

〈**ヤマロク醤油**〉で蔵見学。 "利き醤油"で気に入ったものを購入

⇩

お昼ごはんは〈**なかぶ庵**〉で生そうめん。 自宅へのおみやげは宅配便で送って

⇩

島内ドライブを楽しみつつ港へ戻り、 改めて高松へ

⇩

おやつには〈**ひだまりかき氷スタンド**〉でフルーツシロップが美味なかき氷を。
寒い季節なら銅板で焼くホットケーキでエネルギーチャージ

⇩

松平公の庭園〈**栗林公園**〉で腹ごなしを兼ねて散歩（もしくはホテルへ戻ってひと休み）

⇩

夜ごはんは瀬戸内の海の幸を味わいに〈**魚料理おか**〉へ。 日本酒が進みます

⇩

宿泊

2日目　DAY TWO

朝食はもちろんうどん！　さくっと食べられるのも魅力です

⇩

レンタカーで〈**三谷製糖羽根さぬき本舗**〉へ。
昔ながらの和三盆糖や干菓子を購入

⇩

昭和レトロなドライブイン〈**大川オアシス**〉でランチ。
淡いブルーのインテリアがたまらない

⇩

三豊市へドライブ。“日本のウユニ塩湖”の別名を持つ〈**父母ヶ浜**〉へ。
SNS映えする写真を撮るのも一興

⇩

江戸時代から続く米酢醸造元〈**中橋造酢**〉で購入したお酢は宅配便で自宅へ
＊醸造蔵と店舗は別の場所。店舗は醸造蔵から約300m先の漆喰壁の建物です。

⇩

一棟貸しの宿〈**クーベル**〉で瀬戸内の海水から作られた塩の味比べ。
土地の食材をシンプルに調理した夕ごはんを最後の夜に

⇩

宿泊

3日目　DAY THREE

漁港近くの〈**讃岐らぁ麺 伊吹いりこセンター**〉で軽やかな“朝ラー”

⇩

調味料“さしすせそ”の最後、味噌は〈**丸岡味噌麹製造所**〉を訪ねて

⇩

お昼は香川旅最後のうどんを！

⇩

高松市へ戻り、レンタカーを返したらおみやげ調達に〈**まちのシューレ963**〉へ

⇩

ダメ押しとして、高松駅直結の〈**高松オルネ**〉をチェックしてから空港へ

⇩

帰京

旅information

クーベル
父母ヶ浜を一望できるロケーションにある、薪火グリル付きの体験型宿泊施設。料理に使う塩は、平釜にくんだ大量の海水を薪火でじっくり煮詰めた自家製。10種類ほどの塩を使い分ける。
香川県三豊市仁尾町仁尾乙165-1

旅memo

気候がいい季節なら、栗林公園など高松市内の移動はレンタサイクルを利用するのも手。お遍路さんや市外への移動が多そうならば、やはりレンタカーが動きやすいと思います。瀬戸内の島々への移動は高松からフェリーで。直島、小豆島といった人気の島へは便数も多く、思いのほか使い勝手がよいものです。

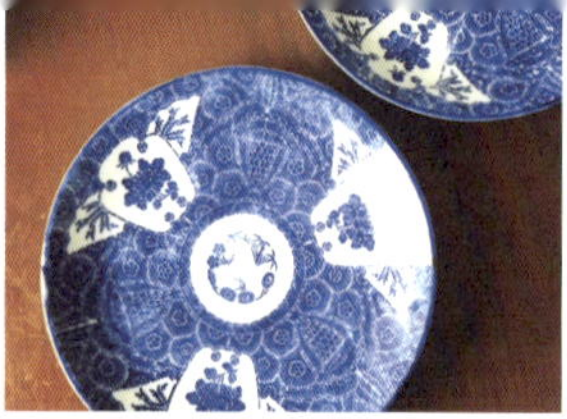
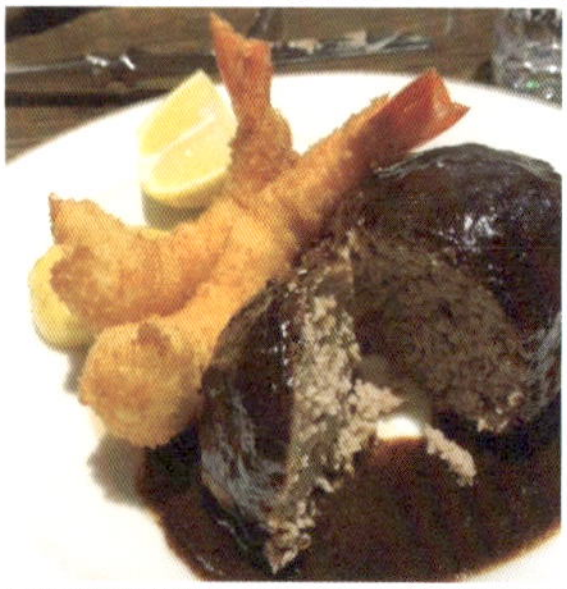
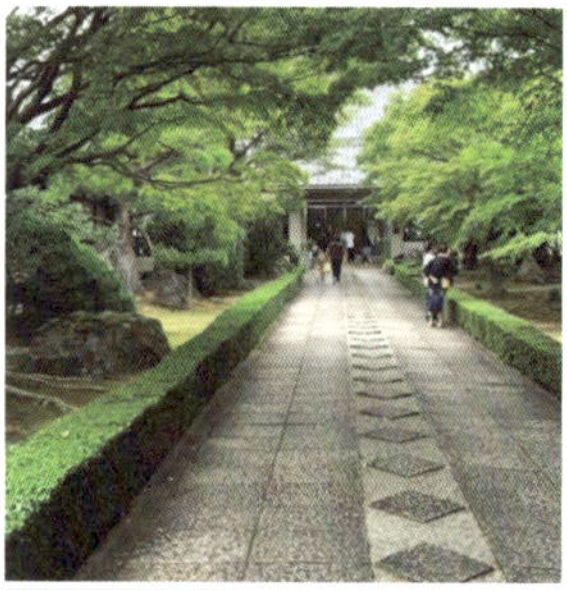
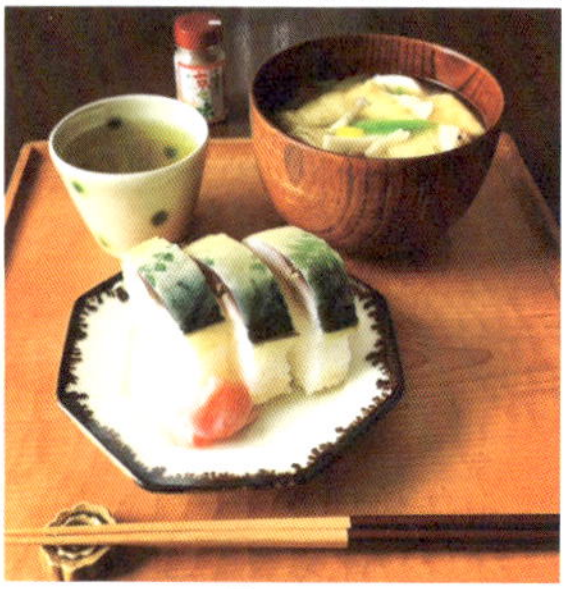
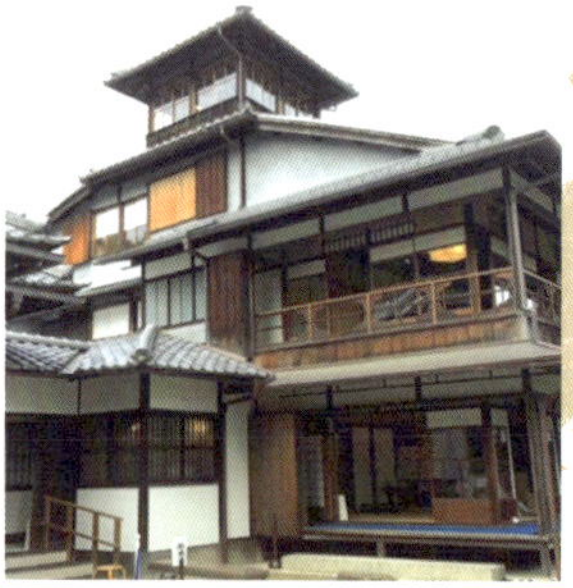
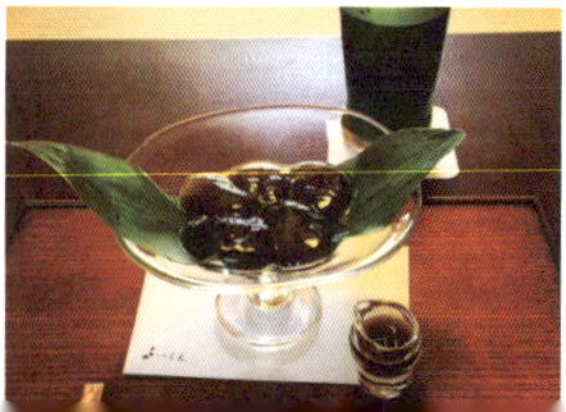

新・観光に「おいしいもの」をプラス。温故知新な大人の修学旅行へ

〜京都　2泊3日

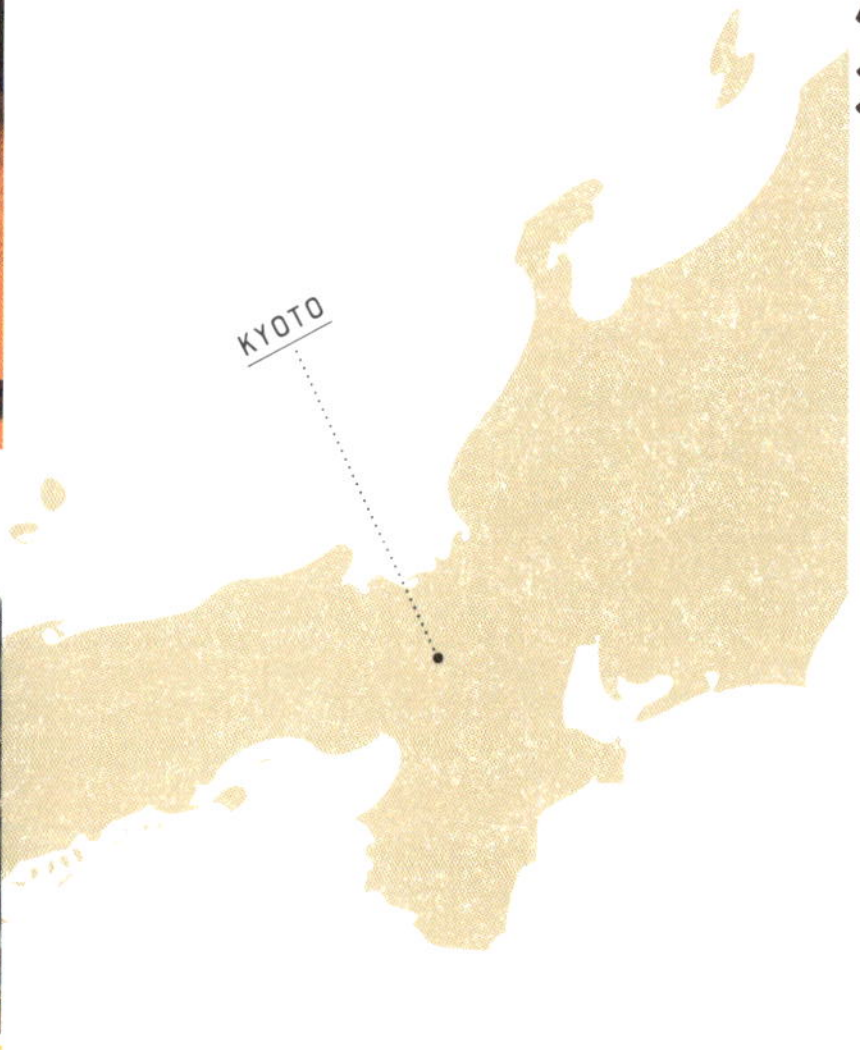

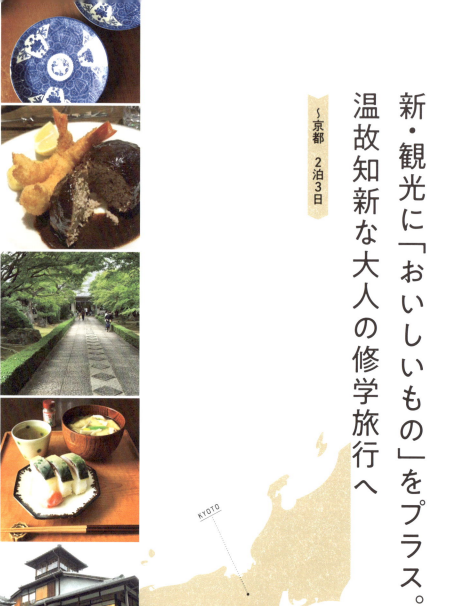

春夏秋冬、いつ訪れても風情溢れる京都は旅人を魅了してやまない街。私の母は京都で生まれ育った京女。結婚を機に東京へとやってきたのです。母の実家は烏丸御池の呉服店で、古い町家のくぐり戸を抜けると、奥へと続く通り庭と呼ぶ土間が裏庭まで続いており、常になんだか薄暗い。黒光りした急な階段があったりして、幼い私にとってはまるで忍者屋敷のように感じる不思議な空間でした。里帰りする母に連れられ、折に触れて訪れていましたが、幼心にも「京都に来るといろいろなものが食べられる」と密かに楽しみにしていました。

刻みネギとお揚げがのったあっさりおだしのきつねうどん、仕出しで届けられる季節の料理、〈新三浦〉の水炊きに〈三嶋亭〉のすき焼き、今はなき〈つぼさか〉の洋食など、食い意地が張っている自分に呆れてしまいますが、どの料理も鮮明に思い出せるほど、私にとっては忘れられない味の数々です。その後、跡継ぎがいないなどの理由から呉服店は廃業。10年ほど前に母が亡くなってからはすっかり足が遠のいていました。

今回の旅のナビゲートは、京都生まれの京都育ち、同業の安田真里さん。仕事を通じた仲間5人、好奇心旺盛な食いしん坊たちが堪能した旅をお伝えします。

今回の旅は2泊3日。お昼前の新幹線で京都入りしました。まずは聖護院にある、明治時代から続く蕎麦の老舗**「河道屋養老」**へ。白川の農家を移築した趣のある店構えで、手入れが行き届いた庭園の緑も見応えがあります。京町家ならではの坪庭を眺めながらにしん蕎麦を啜れば、京都に来たことを早くも実感。食後は腹ごなしも兼ねて**「谷川住宅群」**をぶらぶらと。ここは大正から昭和初期にかけて宅地開発された場所で、緻密に組まれた石畳と石垣に囲まれた銅板葺き屋根の日本建築の家々には、京大の教員や文化人が住んでいたそう。時間があれば、吉田山の山頂に佇むカフェ「茂庵」でのひと休みもおすすめとのこと。

今回は外観を眺めるだけにして、バスに乗って訪れたのは「**トリバコーヒー**」。「京都ではモダンってあまりウケないんだけど、ここだけは別！　とにかくセンスが良くて素敵なの」という真里さん。その言葉通り、梁をそのままにした高い天井に、ペルシャ絨毯を張ったソファー、ラタンの椅子など京町家を味わい深い内装に仕立てています。ヴィンテージのカップに丁寧に淹れられたコーヒーの香りで疲れがすーっと抜けていくようです。京都人にとってコーヒーは欠かせないものだそうで、京都には実に素敵なカフェがたくさん。京都のように歩いて旅したい街は、ひと休みできるカフェが至るところにあるのは本当にありがたい。

晩ごはんまで少し時間があるので、鴨川沿いを散策しつつ、近くの骨董のお店に目の保養に行きましょう。トリバコーヒーからほど近い「**ギャルリー田澤**」は、オールドバカラやオールドラリック、古伊万里などが揃った骨董店。オーナーの美意識で選び抜かれた品々はため息ものの素敵さで、気軽に買えるというわけではありませんが、もしひと目惚れしたら「エイ、ヤァ！」と清水買いするのも旅のいい思い出になるはず。

京都の骨董店といえば、豆皿のコレクションで人気の「てっさい堂」や、比較的手に入りやすいお値段で掘り出し物が見つかると定評の「**尾杉商店**」など、古門前通り付近に多く集まっています。いい出会いがあれば、というくらいの気持ちで気ままに覗くのも楽しいもの。旅先で購入したうつわは、家に帰ってから使うたびに楽しい思い出が蘇ります。今回の旅では、尾杉商店で明治時代の染付の八寸皿を2枚購入しました。どんな料理も盛り付けやすく、見栄えがしそうなのでいいお買い物をしたと思っています。

とっぷりと日が暮れ、そろそろお楽しみの夕食の時間。1日目の夜は、祇園と並ぶ花街、上七軒にある昭和9年創業の「**神馬**《しんめ》」へ。知る人ぞ知る老舗の居酒屋で、暖簾をくぐれば、奥に長く延びる店の中ほどに石灯籠と太鼓橋が目に入ります。4桁までしか計算できないという古い木製のレジスターが現役で活躍しているのも名物のひとつ。活気あふれる古きよき時代の酒場といった雰囲気を愛でながら、くつろいだ時間を過ごせます。料理は何をいただいても間違いなし。名物のきずし（酢で締めた鯖のこと）やおでん、新鮮なお造りにおばんざいの数々……。和の料理だけでなく、ローストビーフやシーフードカレーなどもあり、どれもシンプルで小気味のいい味わいです。糸のように細く刻まれた大葉と細かい柴漬けがのった飯蒸しも一食の価値あり。一見のお客でも居心地がよく、気兼ねなく食べ飲みできる嬉しいお店です。

京都では夜のバー活動も外せません。雰囲気のいいバーに寄ってカクテルを楽しみながら、深い時間を過ごしたいもの。「ちょっとおもしろいお店があるの」と連れて行ってもらったのが、〃ユーミンバー〃こと「**キャラメルママ**」。店内にはユーミンの曲が流れ、楽曲にちなんだカクテルをいただけるというユーミン好きにとってはまさに聖地。おつまみとして殻付きの落花生が出され、食べ終わった殻をそのまま床に落とすというのがこの店の決まり事だそうで、床にはコルクのように落花生の殻が敷き詰められているのがユニークです。素晴らしい音響で流れてくるユーミンの曲を心ゆくまで堪能しながら、京都の夜が更けていきます。

ホテル選びは場所とコスパ重視。京都は身軽なスニーカー旅が基本

ホテルに戻り、ゆっくりお風呂に浸かってベッドに入れば、あっという間に眠りに落ちるはず。そう、京都ではとにかく歩く。普段の運動不足もなんのその、楽しく歩き回っているうちに、気がつけばこの日も1万歩以上歩いていました。ここで、京都旅の移動手段やホテルについて少々。

京都の街は比較的コンパクトなものの、場所や時間帯にもよりますがタクシーが簡単に捕まるとは限りません。移動手段は地下鉄かバス、そして自分の足で歩くというのが基本。バスと地下鉄が乗り放題という1100円の1日券を使いつつ、要所要所でタクシーを併用するのがおすすめです。

行きたい場所や神社仏閣、寄りたいお店はまずリストアップ（Googleマップに印をつけても）。地域ごとに一目でわかるようにしておくと、効率よく回ることができます。そのためにも足元は歩きやすいスニーカーが必須です。旅人であれば、ちょっと気の張るお店でもスニーカーで大丈夫。歩きやすさとシックさを兼ね備えたレザー製のものをセレクトすれば、見た目もラフになりすぎず安心です。買い物が増えたとき用に折りたたみ式のエコバッグも抜かりなく。友人のひとりは斜めがけできるライトなバッグにお財布と携帯だけ入れて、あとは大きめのエコバッグを活用していました。大荷物をホテルに預けたら、日中は身軽に過ごしたいものです。

京都で滞在するホテルはビジネスホテルで十分、というのが私の考え。朝から夜遅くまでほとんど出歩いているので、ラグジュアリーさはそれほど必要がないと思います。ごはんを外で食べる旅先では、ホテルは清潔で快適に過ごせればいい。できれば広くて深いバスタブがあれば理想的です。比較的どこへでも移動しやすいのが、四条烏丸や河原町三条付近にあるこぢんまりとしたホテル。ネットの口コミなどをチェックしつつ、お財布と相談してコスパのいいところを探します。今や京都は常にオーバーツーリズム気味。お手頃なホテルはどこも早くから予約でいっぱいになってしまうので、早めに手配しておくことを忘れずに。

そして、女友達と一緒の旅でも各自シングルユースの部屋を取るのがいつもの決めごと。いくら仲がよくても、日中ずっと一緒にいるなら、ホテルの部屋に戻ってきたときぐらいは気兼ねなくのんびりお風呂に入ったり、スキンケアしたりと自分だけの時間を過ごすことが大切なのではないでしょうか。

前々から予約していた名店を巡る。2日目はおいしいもの旅本番！

2日目の朝食は、烏丸御池にある**「イノダコーヒ本店」**で優雅なモーニングをいただきました。イノダコーヒといえば京都を代表する老舗の喫茶店。赤と白のチェックのテーブルクロス、お行儀よく並べられた銀のカトラ

四条大橋を渡り、高瀬川沿いに西木屋町通りを少し歩いたところにある喫茶 ソワレは昭和23年創業の老舗喫茶店。レトロな雰囲気の中でいただける名物が、カラフルなゼリーが見目麗しいゼリーポンチフロート。

京風中華の真骨頂と言えるのがツヤツヤの甘酢あんかけ。祇園の新橋通の橋のたもとにある竹香は、舞妓さんたちに愛されてきたはんなりと優しい味が特徴。透明感のあるあんがなんとも美しい酢豚は必食の一品。

リーと真っ白な食器に気分が上がります。〈京の朝食〉と名付けられたモーニングは、搾りたてのオレンジジュースに香り高いコーヒー、自家製ハムと野菜、バター香るスクランブルエッグが盛り付けられたプレートに、クロワッサンが添えられて……と実に盛りだくさん。ジャリッとした砂糖がのったフレンチトーストもここでしか食べられない一品です。京都にはモーニングが楽しめるレトロな喫茶店が実にいろいろ。「喫茶チロル」や「スマート珈琲店」、「コロラドコーヒーショップマスサン」、「珈琲ゴゴ」などの名店巡りを旅のテーマにするのも楽しそうです。

優雅な朝食の後は、今日の第一の目的地である「**六波羅蜜寺**」へ。前々からこちらにお祀りされている空也上人立像を拝観したかったのです。運慶の四男の手により作られたという空也上人は「胸に金鼓を、右手には撞木を、左手に鹿の杖をつき、念仏を唱える口から6体の阿弥陀が現れた」という伝承のままに再現されています。まるで生きているかのようなリアルさに圧倒されつつ、小柄でなんだか可愛らしさもある空也上人の姿に思わず見惚れてしまいました。近くにある「**恵比寿神社**」やカラフルなくくり猿で知られる「**八坂庚申堂**」にも立ち寄った後、ランチはなかなか予約の取れない洋食店「**コリス**」へ。

以前から来てみたかった憧れのお店で、友人の努力と執念（笑）で訪問が叶いました。温かなお人柄の母娘のお二人が営むこぢんまりとしたお店で、黒板に書かれたおすすめメニューはどれも頼みたいものばかり。まずはこれは外せないという前菜プレートに続いて、溢れんばかりのホワイトソースがこっくり濃厚なグラタン、クラシックなのに洗練されたハンバーグ、そしてどうしても食べたかったビフカツサンドを。しっとりと仕上げられたヒレ肉は忘れられないおいしさ。いつかまた来られますようにと願いながら店を後にしました。

満腹となった後は、祇園の街を散策するもよし、デザート代わりにレトロな「**喫茶 ソワレ**」でモザイクのようなゼリーポンチフロートをいただいても。レトロ繋がりでいえば、「フランソア喫茶室」も豪華客船をイメージしたというクラシカルな雰囲気の中、懐かしい味わいのプリンや焼き菓子などを楽しめます。

私にとって、京みやげで欠かせないのが**「祇園むら田」**の炒りごま。香りの良さが格別で、自宅で使う用だけでなく、おみやげで差し上げると必ず喜ばれる一品です。糸のように細い刻み海苔もおすすめ。これらはまとめて自宅に宅配便で送って、身軽に旅を続けます。

この日の夕食は京中華の老舗**「竹香」**へ。円卓のあるお座敷でいただくのは別名、舞妓中華とも呼ばれる、ニンニクを極力使わないあっさり上品なもの。スペシャリテの春巻きやツヤツヤの餡がからんだ酢豚など、ちょっと昭和の香りのするメニューが懐かしくも口になじみます。コースもお値打ちで、4000円ほどでお腹いっぱいになります。

この日もまた、ホテルへすぐには帰りたくないという気分だったので、白川沿いをそぞろ歩いて祇園の隠れ家的バー**「ル・プー　祇園」**へ。大きな窓越しに白川の流れを眺めつつ、季節のフルーツを使ったカクテルを片手におしゃべりに興じる時間は、大人って楽しいなあとつぶやきたくなるひとときです。ちなみに桜の時期にはライトアップされた桜が素晴らしいとのこと。機会があったらぜひ、訪れてみていただきたい素敵な空間です。

大人の修学旅行の締めは念願の名庭園へプチ遠出

いよいよ最終日。この日はホテルで朝食を軽めに済ませ、少し遠出する予定です。出町柳駅から叡山電鉄の電車に揺られて向かったのは**「修学院離宮」**。こちらは比叡山の麓にある宮内庁京都事務所が管理している施設で、18歳以上でないと入れない場所です。17世紀中頃に後水尾上皇の指示で造られたという離宮は、池を中心とした広大な庭園にみやびな建物が点在しています。ガイドさんの説明を受けながら、1時間ほどかけてゆっくりと園内を回るのは、まさに〝大人の修学旅行〟といった趣。同じく名庭園と言われる桂離宮と違うのは、より広く、高低差があるところ。なかなか大変なところもありますが、それでも上り切ったところから見渡せる壮大な景色は、疲れを忘れさせてくれます。ほかの場所にも言えることですが、春の桜、夏の鮮やかな緑、秋の紅葉に冬の雪景色と、四季折々の様子を見たくなるのが京都の魅力ですね。

たっぷり歩いて、お腹も空いてきました。出町柳に戻ったら、出町ふたばの大行列を横目に、商店街を入ったところにある**「満寿形屋《ますがたや》」**できつねうどんと鯖寿司のセットをいただきます。京都ならではの柔らかめのうどんはじんわり染み入るおいしさ。甘めのお出汁が染み込んだ大きなお揚げに思わず笑みがこぼれます。鯖寿司は名店と呼ばれるお店が数々ありますが、ここがいちばんと太鼓判を押す京都通もいる逸品。軽く酢で締めた厚めの鯖と酢飯のバランスが絶妙で、白板昆布から透けて見える木の芽もこちらの特徴。ちなみに鯖寿司はお持ち帰りも可能なので、事前に予約しておくのがおすすめです。もし時間に余裕があれば、**「出町ふたば」**の行列に並んで、定番人気の豆餅や季節の和菓子などを手に入れても。

今回は和菓子をお座敷でいただこう、と下鴨にある「**茶寮 宝泉**」を訪れました。こちらのみずみずしい〈わらび餅〉は、お腹がいっぱいでもつるりと入ってしまう軽やかさ。夏の冷やしぜんざいや秋の栗汁粉も必食とのこと。丹波の黒豆をあっさりとした甘さに仕上げた〈しぼり豆〉や葵の葉をモチーフにした大納言小豆の〈賀茂葵〉も忘れずに。風情があるパッケージなので、おみやげにしても喜ばれます。

もうお腹いっぱいという方は、茶寮 宝泉から歩いて行ける「**旧三井家下鴨別邸**」や「**相国寺承天閣美術館**」はいかがでしょう。書院造りを基調とした和風建築に洋風の意匠をとり入れて重要文化財に指定された建物や庭園を散策するもよし、伊藤若冲、円山応挙、長谷川等伯など多くの優れた文化財を鑑賞するもよし。歩きに歩いて、この日は1万2000歩を超えていました。

京都旅の締めくくりは、カウンター割烹「**つろく**」。若きご主人が切り盛りする注目のお店で、上品さをキープしていながらもキリッとエッジの立った〝THE京都〟な料理がアラカルトで味わえます。若いときほど食べられなくなった世代にとって、好きなものを好きな量だけいただけるのはありがたいものです。

最後の最後まで京都を満喫して、遅めの新幹線に飛び乗りました。久しぶりの京都旅は温故知新、やっぱりどこを切り取っても魅力がいっぱいだったなあとじんわり。またすぐに訪れたくなる魅惑の街でした。

京都　2泊3日旅

電車＋バス or タクシー

1日目　DAY ONE

新幹線で京都へ。配送サービスを利用して荷物をホテルへ
⇩
〈**河道屋養老**〉で軽くお蕎麦ランチ
⇩
腹ごなしを兼ねて〈**谷川住宅群**〉界隈をぶらぶらと
⇩
大人も落ち着けるカフェ〈**トリバコーヒー**〉へ
⇩
鴨川沿いを散策しつつ、〈**ギャルリー田澤**〉で骨董を愛でる。
〈**尾杉商店**〉まで足を延ばしても
⇩
創業90年！「一度は行っておきたい」居酒屋〈**神馬**〉で夕ごはん
⇩
京都の夜はまだまだ続く。通称ユーミンバー〈**キャラメルママ**〉で一杯
⇩
宿泊

2日目　DAY TWO

朝食は開店と同時に〈**イノダコーヒ本店**〉へ。「京の朝食」セットをいただく
⇩
〈**六波羅蜜寺**〉で空也上人立像を拝観。
界隈の〈**恵比寿神社**〉や〈**八坂庚申堂**〉も巡って
⇩
念願の〈**コリス**〉でランチ。洗練された洋食を味わう
⇩
〈**祇園むら田**〉でおみやげにごまを買ったり、〈**林万昌堂**〉で出来たて焼き栗を買ったり……歩き疲れたら〈**喫茶 ソワレ**〉でおやつタイム
⇩

別名、舞妓中華とも呼ばれる品のいい〈**竹香**〉で夕ごはん

⇩

祇園をそぞろ歩いて隠れ家的バー〈**ル・プー　祇園**〉で京の最後の夜を堪能

⇩

宿泊

3日目 DAY THREE

ホテルで軽く朝食を済ませたら待望の〈**修学院離宮**〉へ。
季節折々に訪れたい名所です

⇩

お昼ごはんは〈**満寿形屋**〉で。
近くの〈**出町ふたば**〉の混み具合次第で名物の豆餅や季節の和菓子を購入

⇩

下鴨沿いを歩いて〈**茶寮 宝泉**〉のわらび餅でひと休み。
もしくは、〈**旧三井家下鴨別邸**〉や〈**相国寺承天閣美術館**〉を見学

⇩

旅の締めくくりはカウンター割烹〈**つろく**〉で早めの夕食

⇩

新幹線で帰京

旅information

修学院離宮
17世紀中頃、江戸時代初期に後水尾上皇により造営された山荘。人工池を中心とした広大な庭園は、借景を生かした手法により壮観な景色が広がる。予約するのがベター。
京都府京都市左京区修学院藪添

旅memo

おみやげにおすすめなのが、和久傳が経営する〈白(HAKU)〉の竹かごに入ったおはぎや皮ごとのレモンゼリーといったパッケージも洒落たお菓子。むしやしないと呼ばれるへしこ寿司や麩寿司など、ここでしか味わえないものもいろいろ揃います。江戸時代から続く老舗菓子店〈二條駿河屋〉では、松露がおすすめ。こちらは、丹波産の小豆を使った上品な粒あんを砂糖ごろもで包んでいるのが特徴。進物用の紙箱でお願いすると、愛らしい季節の干菓子を一緒に入れてくれるのも嬉しい。

普段のごはんを豊かに彩る食材買い出しショートトリップ

～神奈川・湘南／鎌倉　日帰り

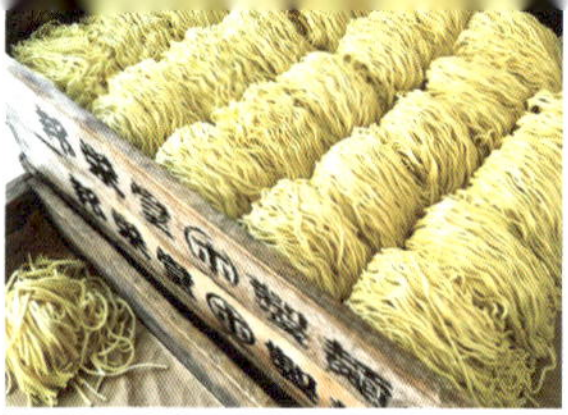

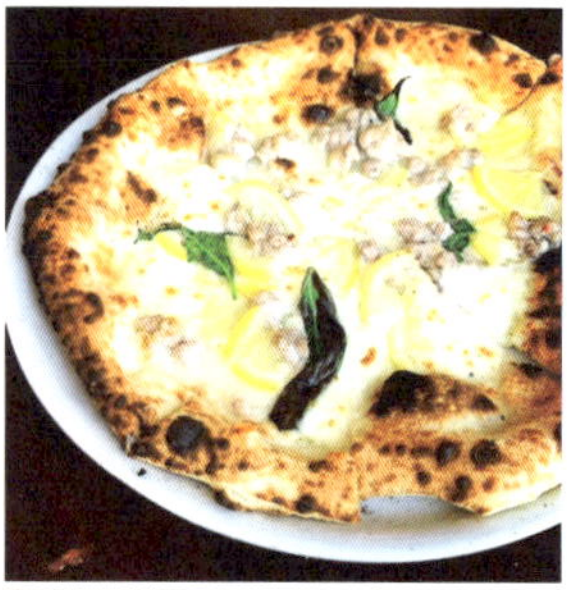

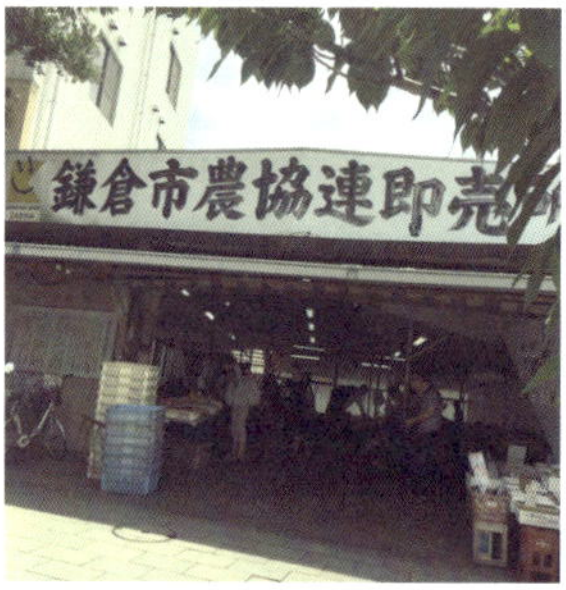

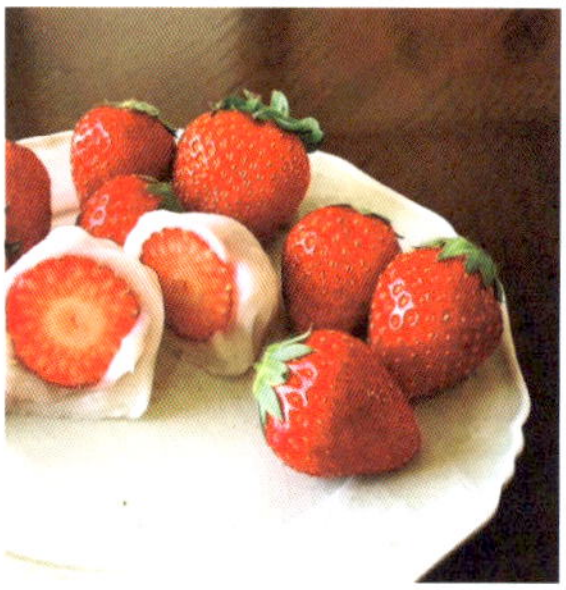

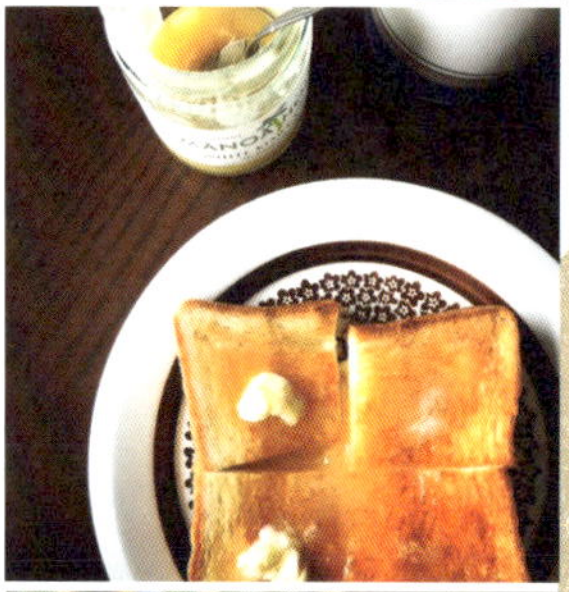

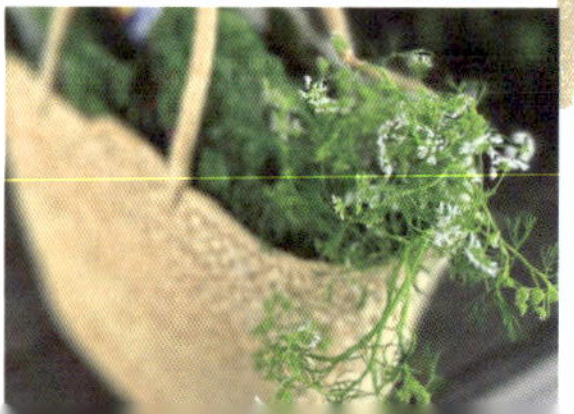

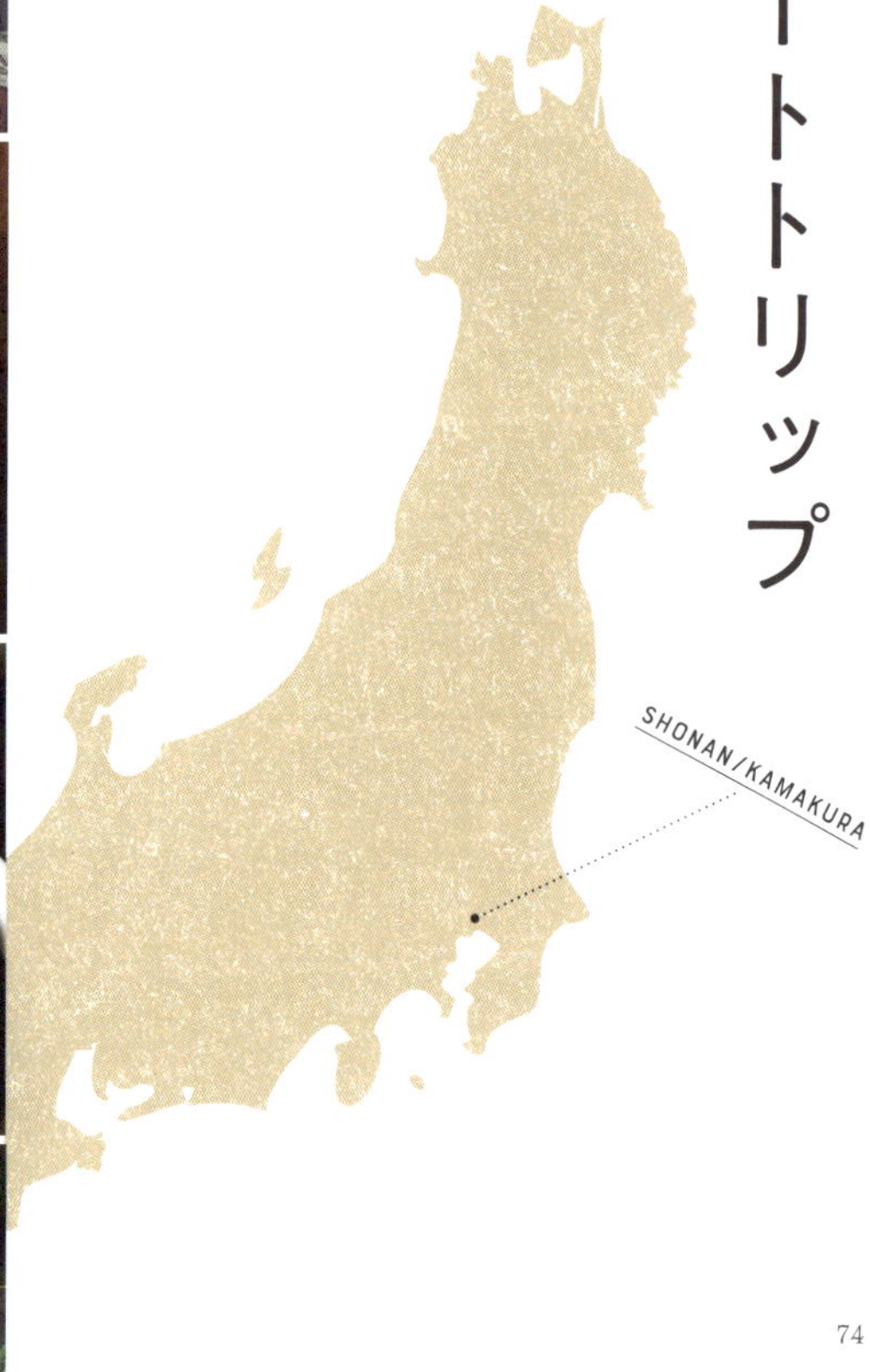

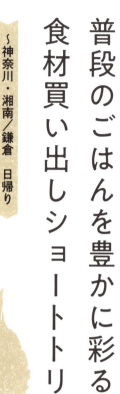

朝から晴れていて、平日だけど仕事が突然お休みに……フリーランスの私はそんなとき、自分への小さなご褒美だと思ってドライブに出かけます。行き先は海。それも1時間ほど走れば到着する逗子や葉山、七里ヶ浜といった湘南方面がほとんど。私の本業である雑誌作りでもファッション撮影のロケ地として行くことが多いし、学生時代から何かといえば湘南へ通っていた身としては、なじみのある場所なのです。暑くても寒くても、海辺の風景は一年を通して気持ちのいいもの。ドライブしているだけでも浄化されるような気がして、いつの間にかリフレッシュしているという次第。

そして、湘南に来たならば、そのまま帰るのはもったいない。東京では手に入らない新鮮な魚介や野菜を直売価格で買ったり、老舗のお店の名物を入手したり、いつしか食材を購入してから帰るようになりました。何度も通ううちになじみのお店も増え、今では食材調達が目的になっているかも（笑）。今回はそんな私の「食材調達ショートトリップ」をご紹介します。

まずは葉山と逗子方面から行きましょう。私の場合、まずいちばん遠くの目的地へ行って、そこから戻ってくるルートを取ることが多いです。横浜横須賀道路の逗子ＩＣを下りて逗葉新道を進み、海辺の道に出たら横須賀方面へ。しばらく行くと見えてくるのが、ＪＡよこすか葉山が経営する農産物直売所の「**すかなごっそ**」。地元農家さんによる新鮮な野菜が、朝どれの状態でズラッと並んでいるのがまず圧巻！　都内のスーパーでもそれなりに季節を感じられますが、よりダイレクトに実感できるというか。品種ごとに並んだ野菜には、生産者の名前が記されていて、同じ野菜でも特徴が違います。私がいつも狙っているのが〈よね子農園〉のもの。元料理人というご主人が作る多種多彩な野菜はどれもパツパツとしていて味が濃いのです。ただし出品している量が少ないので、見つけたときはラッキー！　と心中、小躍りして連れて帰ります。

すかなごっそのほど近くには、いちごの直売所「**いちごはうす嘉山農園**」があります。季節によっては紅ほっぺやとちおとめなどのいちご狩りも楽しめます。こちらのいちごは香りが良くて、味にコクがあるのです。粒揃いの一級品以外のお値打ち品の詰め合わせもあり、もし出会えれば必ず買って帰ります。箱詰めのいちごを車に積んで走っていると車内が甘い匂いに包まれて、なんとも幸せな気持ちに。家まで待てずに、ひとつ、またひとつとついつい手が伸びて、1パック食べてしまったことも（笑）。ちなみにこちらへ行く際は、事前の電話予約をおすすめします。せっかく現地に行って売り切れだったら悲しすぎますから。大粒の甘ーいいちごを使った、苺大福や手作りジャムもお忘れなく。

新鮮な野菜を調達したら次は魚介を買いに、目指すは佐島漁港近くの鮮魚店。「**丸吉商店**」「**大翔水産**」の2軒が並びます。それぞれ特徴が違うので、両方を回って吟味します。いけすに魚が元気に泳ぎ回っている様子は、漁港近くのお店ならでは。ピチピチで身が締まったタイやアジ、サバ、佐島名物のタコなど地もの魚介は新鮮そのもの。都内ではなかなかお目にかかれない小さいサイズのイワシやアジ、イカなどが皿盛りで並んでいるのも嬉しくなってしまいます。これらをシンプルに揚げて、レモンをぎゅっと搾っていただくと最高！　ビールやワインが進むいいおつまみになります。調理法なども親切に教えてもらえるので、質問があれば臆せずお店の方に聞きましょう。新鮮なままを持ち帰りたいので、保冷バッグも忘れずに。

湘南といえば、忘れちゃいけないのがしらすです。佐島からもほど近い秋谷にある「**紋四郎丸**」がわが家の行きつけ。釜揚げにして天日干しにした大ぶりのしらすは、ふっくらとして塩加減も絶妙。そのままたっぷりのせて〈しらす丼〉にするのはもちろん、マヨネーズと混ぜてパンに塗って焼いた〈しらすトースト〉もクセになるおいしさ。しらすの沖漬けもお酒のアテにぴったりです。ちなみに、生しらすの入荷は漁の状況次第だそう。幸運にも出会えたら買う価値あり！です。

野菜と魚を手に入れて、そろそろお腹が空いてきました。いちばん通っているのが葉山の名店「魚寅」の初代ご主人がご自宅で営む蕎麦とお寿司の店、**「蕎麦処　葉山鰹」**。隠れ家のように通りから入った場所にあり、畳敷きの店内は落ち着ける空間。地魚の握りと打ちたてのお蕎麦はどちらも外せません。また自家製の胡麻豆腐も絶品です。そしてお腹いっぱいでもデザートは別腹、ということで、葉山鰹からすぐの場所にある**「霧原」**へ。こちらのお店はゴールデンウィークから9月下旬までの季節限定で、天然氷を使ったかき氷がいただけます。ふわふわの氷に自家製のシロップが絶品で、シーズン中は何度も足を運んでしまいます。

この近くにはパンの**「ブレドール」**と洋菓子の**「サンルイ島」**の名店2軒が並んでいるので、当然立ち寄ります。ブレドールではエシレのバターを使った角食パンを、サンルイ島ではダークチェリーがたっぷり入ったさくらんぼのクラフティーを購入するのがお約束。

すでに車の中はおみやげでいっぱいですが、ダメ押しとして、高速に乗る前にある**「HAYAMA STATION」**へ立ち寄ることも。採れたての湘南野菜に加えて、葉山の人気精肉店**「葉山旭屋牛肉店」**や地元の人気スーパー**「スズキヤ」**、前出のブレドールの出店も入っています。野菜のいい合いの手になるサンダウナー東京オムレツ（オムライスの名店です）の生ドレッシングにも運がいいと出会えます。旭屋牛肉店ではコロッケサンドが人気ですが、紅く仕上げたルックスがそそる焼豚に焼売、ポテトサラダの3点が私のお気に入り。**「HINODE-EN CAFE」**の抹茶やほうじ茶のソフトクリームも、お腹に余裕があればぜひ。気持ちも晴々と、思い残すことなく帰途につけます！

新鮮な食材で気持ちもお腹も豊かに。朝どれ野菜から始まる鎌倉アドレス

葉山と逗子方面は車が必須ですが、車がなくても楽しめるのが鎌倉です。鎌倉には両親が眠っている霊園もあり、時間ができると逗子葉山よりも気軽に訪れる場所。こちらで食材調達としてまず立ち寄りたいのが、朝どれ

すかなごっそへ行ったら、近くのいちごはうす嘉山農園もお忘れなく。時期によってはいちご狩りが楽しめるだけでなく、香り高く味の濃いこだわりのいちごを産直で購入可能。事前の予約がおすすめです。

茹でたてが自慢の紋四郎丸の釜揚げしらす。ふっくら感としらす本来の旨みが引き出される塩加減が絶妙です。まずは炊き立てご飯にたっぷりのせてしらす丼に。小分けにして冷凍しておくといろいろ使えて便利。

の野菜が手に入る通称「**レンバイ**」と呼ばれる鎌倉市農協連即売所。現在は23軒の生産者さんたちが4班に分かれ、日替わりで出店しています。朝8時頃から野菜が並び始め、お昼過ぎには売り切れていることが多いので、遅くとも10時までには訪れたいところ。

今やブランドとなっている〝鎌倉野菜〟はどれも色鮮やかで味が濃いのが特徴で、都内からレストランのシェフがわざわざ仕入れにやってくるほど。初夏のレンバイは、トゲトゲのきゅうりに真っ赤なトマト、葉付きのにんじんや、紫やピンクのかぶ、大根、種類豊富なじゃがいもなどが目を惹きます。珍しいところではパクチーの

軽やかで香ばしい生地がおいしい、イル・ピッチョーネ・ドーロのピッツァ。ピザ窯で一気に焼き上げられた一枚は、熱々を頬張りたい。トマトソースにニンニクとオレガノ、アンチョビを散らしたロマーナがおすすめ。

朝どれの野菜がお値打ち価格でずらりと並ぶレンバイ。見ているだけで気持ちが躍る！　農家さんごとにスペースが分かれており、同じ野菜でもそれぞれ特徴が違う。見慣れない野菜は食べ方を教えてくれます。

花などのハーブ類も。パクチーの花はあの独特の香りからは想像できない可憐な白い小花で、まずはキッチンに飾って愛でてからサラダにあしらう、などさまざまな楽しみ方ができます。みずみずしい野菜たちは眺めているだけで楽しいうえに、値段も驚くほど良心的。そして売り場の農家の方々は皆さん、とても気さくで親切。尋ねれば食べ方なども教えてもらえます。

レンバイに隣接するスペースには、個性的でユニークな小さいお店が場外市場のように並びます。デリやスイーツ、自家製の冷凍カレーにオリジナルな調味料なども扱う「**DAILY by LONG TRACK FOODS**」、自家製酵母で作る焼きたてパンが並ぶ「**パラダイスアレイ**」、天日干しの干物にさつまあげが人気の「**ヨリドコロ**」などなど。ちなみにヨリドコロの脂ののったイワシの丸干しと塩サバは絶品でした！

レンバイの近くにある踏切を渡り、逗子マリーナ方面へ20分ほど歩くと（タクシーを使ったほうがいいかもしれません）、自家製の中華麺や餃子の皮を製造販売している「**邦栄堂製麺**」があります。平屋の建物にかかった暖簾が目印で、店内では大きなロール状の機械で麺を伸ばしたり、切ったりという作業が行われています。飲食店への卸しがメインなのですが、こちらでは個人でも買うことができます。今では珍しくなった、手で型抜きした餃子の皮がいちばんのおすすめ。触ると羽二重餅のように滑らかで、伸びがいい。どんなにたくさん餡を詰めても破れることなく、焼き上がりはもっちり。中華麺は単品でも買えますが、太さによってそれぞれ相性のいいスープの素がセットになっています。定番の醤油や塩などに加えて、酸辣湯麺《サンラータンメン》や坦々麺、あさりや鯛だしといった変わり種も。たくさん買って、冷凍しておいてしばらく堪能します。週末には焼きそばのフードトラックも登場します。

鎌倉トリップのランチで、最近私が通っているのが「**イル・ピッチョーネ・ドーロ**」。人でごった返す小町通りから少し離れた場所にある可愛らしいお店で、店内の窯で焼き上げたピッツァと素材を生かしたシンプルなイタリアンを楽しめます。実はこれまでピッツァにそれほど興味がなかったのですが、この店の高加水で作る歯切れの良い、もちもちとした生地を知ってから、大げさでなくピッツァの概念が変わりました。トマトソースにニンニクとオレガノ、アンチョビを散らした〈ロマーナ〉とイタリアンソーセージとレモンを組み合わせたシチリア風の〈自家製サルシッチャとシチリアレモン〉が必ずいただく定番です。

ほかにおすすめしたい鎌倉アドレスは、ちょっと贅沢な中華がいただける「イチリン ハナレ」、薬味たっぷりのスパイスカレーが唯一無二の「オクシモロン コマチ」、お蕎麦とみずみずしいわらび餅のセットがいただける「段葛 こ寿々」。さすが鎌倉はおいしいものに事欠きません。こ寿々の〈わらび餅〉や「ロミ・ユニコンフィチュール」の素材の取り合わせが楽しい〈コンフィチュール〉を手に、帰途につきましょう。

美しい自然とおいしくて楽しい時間、両手いっぱいのおいしいおみやげ……ちょっと足を延ばすだけで、気持ちもおうちのテーブルも豊かになること間違いなしです。

神奈川・湘南／鎌倉　日帰り旅

車・電車

湘南

車で逗子へ

⇩

〈**すかなごっそ**〉で朝どれの野菜をゲット

⇩

すぐ近くの〈**いちごはうす嘉山農園**〉でいちごを購入。
季節によっていちご狩りも

⇩

佐島漁港近くの鮮魚店〈**丸吉商店**〉〈**大翔水産**〉をはしごしたら、
〈**紋四郎丸**〉で釜揚げしらすも忘れずに

⇩

葉山の〈**蕎麦処　葉山鰹**〉で地魚の握りと打ちたてお蕎麦でお昼ごはん

⇩

季節が合えば〈**霧原**〉で天然氷のかき氷をデザートに

⇩

ほど近い〈**ブレドール**〉で角食パンを、〈**サンルイ島**〉で焼き菓子などを購入

⇩

〈**HAYAMA STATION**〉に立ち寄って、〈**葉山旭屋牛肉店**〉〈**スズキヤ**〉
〈**HINODE-EN CAFE**〉などをチェックしたら、
思い残すことなく買い出し終了！

鎌倉

電車で鎌倉へ

⇩

鎌倉市農協連即売所、通称〈**レンバイ**〉で鎌倉野菜を見繕う。
隣接の〈**DAILY by LONG TRACK FOODS**〉
〈**パラダイスアレイ**〉〈**ヨリドコロ**〉も忘れずチェック

⇩

自家製の中華麺と餃子の皮の工場がある〈**邦栄堂製麺**〉で多種類を購入

⇩

ランチは〈**イル・ピッチョーネ・ドーロ**〉で窯で焼き上げたピッツァを

⇩

おみやげに〈**段葛 こ寿々**〉の「わらび餅」、〈**ロミ・ユニコンフィチュール**〉の見た目も麗しい「コンフィチュール」も。両手いっぱいのおいしいおみやげとともに帰途へ

旅information

JAよこすか葉山 大型農産物直売所 すかなごっそ
地産地消を発信するアンテナショップとして、地元の農家が生産した農産物が豊富に揃う。
神奈川県横須賀市長井1-15-15

HAYAMA STATION
地元野菜と近海の魚介類をはじめ、パン、お菓子、ジャム、はちみつ、デリ、雑貨にいたるまで、葉山で人気の専門店が勢揃い。
神奈川県三浦郡葉山町長柄1583-17

レンバイ
鎌倉市農協連即売所。23軒の農家が4班に分かれ、日替わりで出店。鎌倉駅から徒歩3分で鎌倉の四季を感じられる旬の野菜が揃う。
神奈川県鎌倉市小町1-13-10

旅memo

レンバイは朝8時くらいから夕方までオープンしているものの、品揃えが豊富なのは早めの時間。P115で紹介しているような保冷バッグを持ってお出かけを。もし余裕があれば足を伸ばして、茅ヶ崎のロコロファームへも。大玉の“ロコロトマト”を使ったプレミアムトマトジュースは完熟トマトそのもの。お気に入りすぎて、もはやお取り寄せして毎朝飲んでいます。口当たりなめらかなトマトピューレは、トマトの甘み・旨み・酸味が凝縮された味わいで、いろいろな料理に応用できるのでこちらもぜひ。

CHAPTER 2

おいしい旅を組み立てる

自然餅（玄米）

おいしいものをどう探す？　どうたどり着く？

旅先で出会うおいしいものは私にとっては旅の醍醐味、最大の楽しみです。ここで言う私にとっての「おいしいもの」とは、何も名物や贅沢なものを指すのではありません。旅先での食というと、まずはその地の名物を思い浮かべがちですが、「名物にうまいものなし」ということわざがあるように、明らかに観光客向けに作られた料理店やおみやげ屋さんは行き先候補から外します（おいしい名物もいろいろありますが……）。私が大事にしているキーワードは「温故知新」。旅先では、昔ながらの味を守りつつ今の時代にも愛されているお店、地元の人たちに愛されていて、しかも観光客が行っても居心地のいいお店を探すことにしています。

旅することが決まったら、そこが故郷だったり行ったことがあるという友人知人にリサーチすることから始めます。その際は食の好み、お店の好みが合う人に聞くことが肝心。好みが違う人の情報は、あとあと「?·」という結果になりかねません。ときにはSNSで繋がったフォロワーさんから情報を教えてもらうことも。ありがたいことに、インスタグラムで私がその地を訪れていることを知ったフォロワーさんが、ここは絶対に行くべし、食べるべしと地元のおいしい情報を旅の途中で教えてくれることも。

ちなみに、グルメサイトも一応チェックします。要確認の場合もありますが、お店の場所や連絡先などの情報は参考になります。ただ、口コミの評価は「ある程度」の目安にとどめ、鵜呑みにすることはありません。

むしろ、**インスタグラムで関連ワードを入れて検索した情報**のほうが有用だと思います。写真がメインのインスタグラムは百聞は一見にしかずで、自分の感覚にフィットするセンスの写真を見つけて深掘りすると「ビンゴ！」となることが多い気がします。まずは自分が好きな写真を探してみるのをおすすめします。グルメサイトに並んだあれやこれやのセールストークを読むよりも、写真だけで伝わる情報のほうが自分と相性のいいお店に繋がると思います。

経験上、**いちばん信じられるのは直感**です（元も子もないと言われそうですが）。自分にとっておいしいお店は、自分がピンとくる店構えだったり、佇まいだったりするはずです。店先に手入れの行き届いた鉢植えが並ぶ昔ながらのレトロな喫茶店、パリッと洗濯がされた暖簾が下がった料理屋、日暮れどきにぽっと灯った店先の明かり、店主のセンスや美意識が伝わる温かみのある外観、雰囲気のあるインテリア……お店が古くても新しくても、おいしいお店はその店ならではの味わい、いい空気感が漂っています。営んでいる人の顔がわかるというか、思いが感じられるとでもいいましょうか。直感を信じてそんなお店に出会えたときは、本当に心が躍ります。

年月を重ねてきて、いまや人一倍食い意地の張った私の動物的な勘はなかなかのものと自負しています（笑）。「私、失敗しないので」ではないですが、直感を信じれば、初見のお店でもめったに外しません。ご参考までに、私流〈おいしい旅〉の組み立て方をご紹介します。

旅先に着いたら、**一食目は地元の人がいつも食べている定番のメニュー**をいただきます。例えば、香川なら澄んだいりこだしの茹でたて讃岐うどん、松本なら香りものど越しもいい手打ち蕎麦、大分ならさっぱりスープの別府冷麺。京都なら刻んだお揚げと九条ネギのけつねうどんに、街中華ならではのカラシソバも外せません。港に近く海産物が人気の場所なら、地魚のある回転寿司もいいですね。

そうしたローカル色豊かなメニューを地元の人たちに交じっていただいていると、早くも旅に来たことを実感できます。あるとき、街のアーケードにある甘味処で学校帰りの高校生男子3人組に遭遇。彼らが話す部活や女の子の話題が聞くともなしに耳に入ってきたのですが、坊主頭の男子たちの方言まじりの会話とかき氷という組み合わせがなんとも微笑ましく、今でも思い浮かぶ光景となっています。

必ず訪れたいのが、**地元の人が通うスーパー、旬の地産地消食材に出会える道の駅、**（土地によりますが）**地元の商店街や市場**。いずれもGoogleマップさえあれば見つけられるので、スマホと睨めっこしながら回ります。観光客相手だけのおみやげ屋さんより、ずっとその土地らしいものやその季節だけしか食べられない珍しいものが見つかるはずです。中でも地元スーパーは意外な穴場。見知らぬ名前のローカルスーパーがあったらぜひ訪れてみてください。普段食べているカップ麺やお菓子などの〈地域限定バージョン〉が見つかったり、生鮮食品やお惣菜コーナーではその土地ならではの食文化が垣間見られたりと、とても興味深いものです。

「おいしい旅」の問題は、どうおなかを減らすか（笑）。道の駅などでは、ついつい、つまみ食いをしたくなったりもします。街を散策するもよし、おみやげを買いに行くもよし、お目当ての神社仏閣を訪れるもよし。あえて歩いて街を巡ることが肝心です。途中、ちょっと疲れたら（おなかに余白ができたら）、カフェや甘味処でのんびりお茶を楽しみましょう。

そうこうしているうちに、宿泊するお宿にチェックインする時間になっているはず。ひと休みしたらお楽しみの夕ごはんが待っています。食事自慢のお宿でいただくこともありますが、やはりその土地の美食を求めて外に出ることが多いですね。地元のお客さんでにぎわう、**郷土色豊かな料理がいただける居酒屋や割烹店**が狙い目です。最近は**地産地消スタイルでのイタリアンやフレンチのレストラン**も増えてきているので、そんなお店を選ぶのもひとつの手。その土地ならではの新鮮な魚介や旬のジビエを使った思いもよらない一皿に出会えると、その意外性とあいまって、食の思い出と旅の思い出が重なるひとときとなります。

「おひとりさまもウエルカム」というお店がすっかり当たり前になりつつあるようで、ひとりでゆったり食事を楽しんでいる姿がサマになっている人を見かけることも多くなりました。ひとり旅には出かけたいけれど食事に困る、というのはもはや過去の話。「おいしいひとり旅」を計画している人に嬉しい時代になりました。

最後に旅の予算に関してお伝えすると、**一回の旅の中でのメリハリが大切**だと思います。ちょっと贅沢するお店と気軽に楽しめるお店をバランスよく組み合わせてはいかがでしょうか。背筋がピンと伸びるような料理屋さんやオシャレが似合うレストランで過ごすのも気分が上がるし、気楽に楽しめるB級グルメや居酒屋さんもリラックスできていいものです。泊まるのはホテルや旅館ですが、食に関しては暮らすように旅する。そんなイメージかもしれません。

友人たちと一緒のときは、ある程度の金額、例えばひとり5000円ほどを目安に〝共通財布〟を用意しておくと便利です。タクシーに乗ったときや、各自でお会計できないお店での支払い時、コンビニでちょっと飲み物を買いたいときなど、細々とした支払いの際にお財布を出す必要がなく、またいちいち割り勘をしなくていいのも快適です。最近はＰａｙＰａｙも使ったり……気のおけない友人同士なら、この方法はおすすめです。

「おいしいお店をどうやって見つけているんですか？」とよく聞かれますが、一番の答えは「人任せにしてはダメ」ということかもしれません。大袈裟かもしれませんが、自分の感覚を研ぎ澄ませて、一にリサーチ、二に直感。このふたつを駆使して選んだお店が、「よくこのお店がわかりましたね。さすが！」と地元の人に言われたら大成功です。

漆器
伊原

ariko流〈大人おいしい旅〉の宿選び

旅に出るとき、最も重要なことのひとつがどこに泊まるのかという問題。宿の選び方次第で、その旅の印象が大きく変わってくるほど、宿選びが重要なのは誰もが知るところ。何を目的にした旅なのかによって、宿選びの基準は異なります。

まずは、宿自体が目的の旅です。素敵なしつらえの中、上げ膳据え膳でおいしいものを食べて、とにかくのんびり過ごすのが目的という、宿そのものを楽しむ旅。これはもう、そのお宿が自分の求めるものを満たしているかどうかということに尽きます。観光はさておき、のんびり過ごすことを目的としたリトリートの旅ですから、宿で過ごす時間が長くなります。自分がそこで快適に過ごせるかどうかが鍵ですね。

こうした宿はそれなりにします。せっかく高いお金を出して泊まるのだから、妥協はしたくないもの。いくら名旅館と誉れ高いところでも、贅を尽くした豪華なお宿でも、センスの合わない空間では落ち着けません。私が宿選びで大切にしているのは自分のセンスにしっくりくるかということ。滞在中、ほどよい高揚感があり、ご機嫌で過ごせるかということ。見た目の派手さではなく、居心地の良さに投資してくれているかということです。

それは、肌触りのいいフカフカのタオルが大浴場にもふんだんに用意されていたり、寝具が上質なベッド並みに寝心地が良かったり、思わず見惚れてしまう季節のしつらえだったり、真似してみたいなと思わせるうつわ使いだったり。何度かリピートしているお宿なら、何も言わなくても好みのものを覚えていてくれて、「お好きですよね」（わかってますよのアピール）の余計なひとこともなくさりげなく出してくれたり……そんな心遣いにグッときてしまいます。非日常な時間なのに自分の家のように居心地がよく、温かみがありながら、付かず離れずのサービスというのは、簡単そうで実はとても難しいことのような気がします。

個人的に好きなのは歴史を感じさせる古い建築を大切にしながら、今のセンスも感じさせる温故知新の精神が息づくお宿。こちらもスッと背筋が伸びて気持ちよく過ごすことができるのが嬉しいのです。しつらえからサービス、お料理まで、全てにご主人の類いまれなる美意識が行き届いた湯河原の「石葉」に、肌に優しくなじむミルキーブルーのお湯に癒やされ、実家に帰ってきたかのような温かなもてなしにほっこりする別府の「岡本屋旅館」。奥能登にある「湯宿さか本」では、本当に心豊かに過ごせた時間が蘇ります。鄙びた囲炉裏端でいただいた、飴色に煮込んだぶり大根にごろっと大きな焼きおにぎりのおいしさは今も忘れられません。

そうした自分が心底ご機嫌で過ごせるお宿に出会ったら、あちこち浮気せず定期的に訪れるようにしています。繰り返し泊まることでその宿をより深く味わえるうえ、お宿とのお付き合いが重なるにつれて、定宿と呼べるような存在に。そうなると〝ホーム感〟が増して、ますます居心地よく過ごせるようになります。

それに対して、京都や金沢、松本といった街自体を楽しむ、観光も重視したい旅では宿選びの基準はまったく違うものになります。極端にいえば、宿は「寝に帰るだけ」ということになるので、居住性の高い空間で眠りやすいベッドがあればＯＫ。むしろ移動しやすいロケーションにあることが重要です。どこにでも歩いて行きやすいのが第一。地下鉄やバスなど公共交通機関への接続がいい立地にあれば効率的に回れるし、荷物を置きにちょっと戻りたいというときなども便利です。そして同じ条件なら、できるだけ新しいホテルを選びます。過不足ないサービスで、広くなくても室内のレイアウトが使いやすく、水回りの清潔感も違う気がします。

くたくたに疲れて帰ってくるので、お風呂はほしいところです。ゆったり浸かれる大きめのバスタブが備えられていたり、ビジネスホテルでも温泉や大浴場があるところも増えてきたので、それも考慮して選んでいます。

そして、女友達の仲良しグループで旅するときでも、ホテルはシングルの部屋をそれぞれ取るようにしています。昼間はずっと一緒に過ごしているわけなので、いくら親しくてもホテルに帰ってきたときぐらいは気兼ねなく過ごせるひとり時間があるのは大事かなと。二人部屋だとバスルームを使うタイミング、いびき問題などに気を遣いますが、ひとりなら問題ありません。

最後に、交通手段について。私は普段から車で移動することが多いので、ロングドライブが苦ではありません。3〜4時間であれば、自分で運転していきます。かなりの遠方となれば電車や飛行機を使いますが、時間を気にしなくていい、自分の都合に合わせて動ける車での移動はやっぱり楽ちん。それに車なら、いくら荷物が増えようがお構いなしですから。

街歩きが中心の旅ではなく、あちこち移動したい地方の旅ではレンタカーを借りることもあります。初めての場所でもナビやGoogleマップがあれば問題ないですし（たまーにどうしちゃったの?という謎ルートを指示されるときもありますが）、駅やバス停から離れた場所でも帰りの時間や交通手段を気にすることなく出かけられるので、行動範囲がぐんと広がります。ちなみに、レンタカーを選ぶときのコツですが、小さすぎず大きすぎずのサイズ感の車両を選ぶといいと思います。登り下りがある道や高速道路を使う場合、小さい車に3〜4人が荷物とともに乗り込むと、パワー不足を感じるはず。そして保険類は全部入っておくと安心です。運転するのが苦手でない方は、旅の自由度が格段に上がるドライブ旅にぜひトライしてみてください。

トランクやボストンバッグの中の荷物は、大小のポーチを組み合わせてパッキング。ターコイズブルーのMYLANのポーチは、容量に合わせて大小持っています。群馬・前橋にあるSHIROIYA HOTELのアメニティでいただいたキャンバス生地のランドリーバッグは、大容量なのが便利。行きは衣類を入れ、帰りは文字通り、洗い物を詰め込んで持ち帰ります。

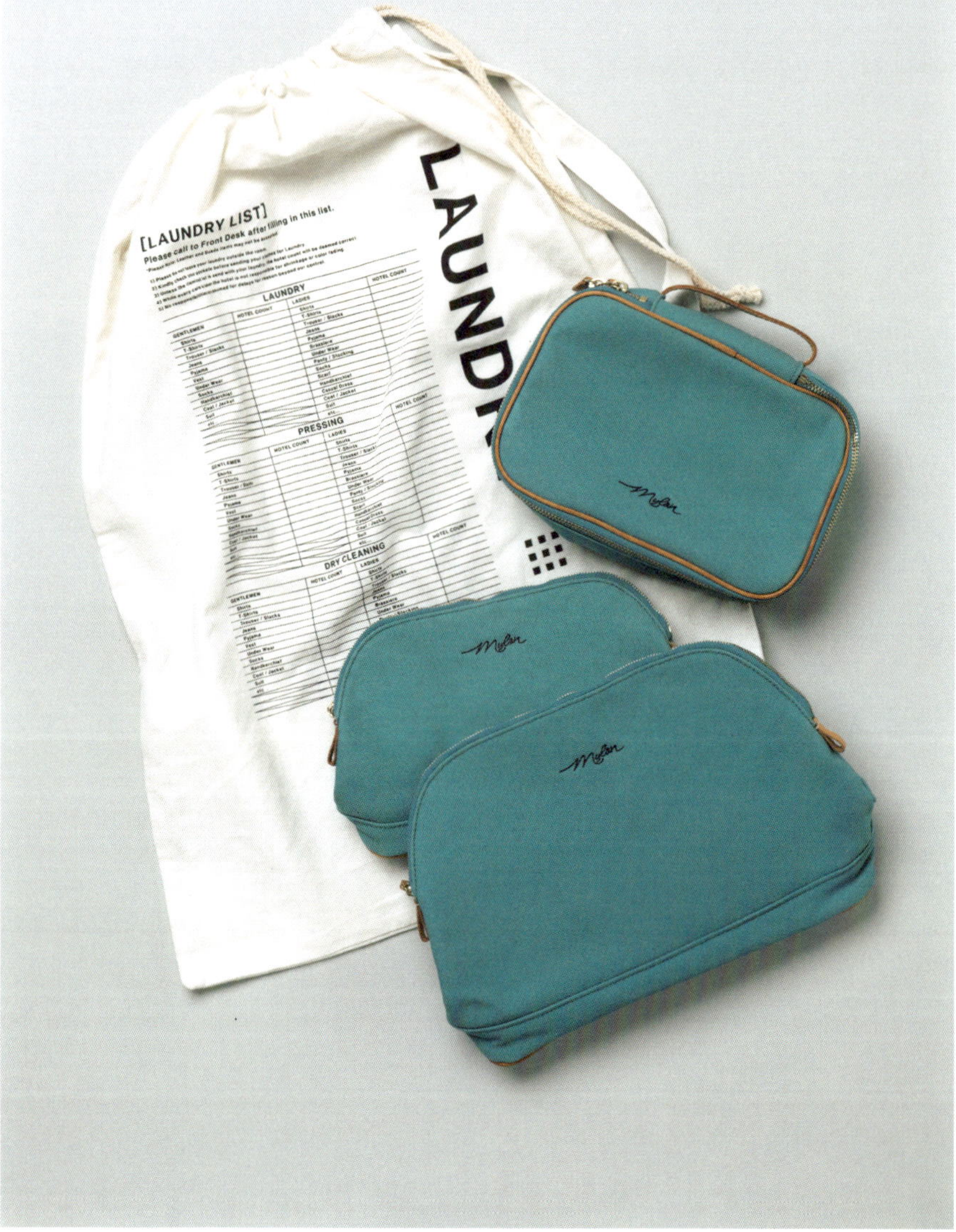

黒のリュックは東原亜希さんプロデュースのMotherのもの。ラフになりすぎないので、どんなスタイルにも合わせやすい。エコバッグとして愛用しているのがthe Fanonのトートバッグ。ハワイ生まれのノスタルジックなパラカチェック生地を手縫いで仕上げたバッグは、可愛いアクセントになってくれます。ミニマムサイズの黒のレザーポシェットはジルサンダーのもの。ななめ掛けして、手提げバッグと2個持ちします。

すっかり「小荷物派」になりました

50歳を過ぎた頃からでしょうか、服やバッグなどへの物欲が憑き物が落ちたようになくなってきました。ファッション誌編集という仕事柄、服を取っ替え引っ替えしていたのも今は昔。洋服が溢れたクローゼットを見返して、「いつか着るかも」と思いながら何年も着ていないものは思い切って処分しました。そうして身軽になってみると、なんだか心持ちもスッキリ。とても軽やかに暮らせることを実感しています。

旅支度もそうです。年齢的にどうしたって体力は落ちていきますから、荷物は軽いに越したことはありません。特に自分で荷物を持って移動することが多い国内旅行は、なるべく荷物を少なくするように心掛けています。私の荷造りを見たら、「え？　それだけ？」と驚かれるかも。

もともと細かなことは気にしないざっくりした性格だし、順応性が高いので（自分で言っちゃいます）、「あれがないとダメ」ということがほぼないのです。例えば、スキンケアはオールインワン系を選んでいるので、かなりミニマム。美容アイテムって重たくないですか（笑）……？　服はシワにならない軽めの素材のものを選び、かつ着回ししやすいワントーンでまとめれば、あれもこれもと持って行かなくても十分おしゃれが楽しめます。

パジャマ、下着類、美容アイテムなどはそれぞれ、大小のポーチに分けて収納。かさばる衣類はサブバッグ使いもできる薄手のエコバッグに入れています。ちなみにP94でご紹介している鮮やかなターコイズブルーのポーチは、スタイリスト佐々木敬子さんがプロデュースしているMYLAN《マイラン》のもの。キャリーケースの色が黒なので、開けたときに気分が上がるような色を選びました。旅用のポーチってファンシーなものが多かったりして、なかなか気に入るものがなかったのですが、デザインのバリエーション、色も豊富なこのシリーズに出会ってからは、サイズ違いで揃えて愛用しています。

最近はちょっとした旅行でも、持ち手とキャスターがついたキャリーケースを使うのが一般的になりました。私の場合、車での1〜2泊くらいの旅は大きめのトートバッグで出かけることもありますが、電車や飛行機を使う旅はキャリーケースがやっぱり便利。うっかりおみやげを買いすぎたときのトートバッグの重さは、ボディーブローのように応えてきますから。そんなわけで、どんなスタイルにも合わせやすく、シンプルなデザインのものを探してたどり着いたのが、**無印良品のソフトキャリーケース**。

旅専門店からファッションブランドのもの、それこそよりどりみどりのキャリーケースの中から無印良品を選んだ理由は名前の通り、いい意味で無個性なところ。ハードタイプのトランクに比べてソフトタイプだから格段に軽いし、荷物が多少増えても詰め方を工夫すればどうにか対応できるのも魅力です。本体に収納可能な持ち手も、2段階に高さを調節できたりと使い勝手もいい。40リットル容量のものなら2〜4泊の旅にぴったりです。素材も作りもしっかりしていて、とにかく丈夫。この実力にして1万円台で買えるのは嬉しい限り。

ただし、注意点がひとつだけ。このキャリーケースを使っている人はとても多いので、空港のターンテーブルで同じものが流れてくることもしばしば。出てきた！　と思わず手を伸ばそうとしたら他の人のものだった、ということも。そんな間違いが起こらないように、〝目印〟をつけるのをお忘れなく。私は持ち手のところに細いコットンのリボンを結んでいます。コットンなら結び目がしっかりするので解けることもなく、ひと目で自分のものだとわかります。

車で移動する場合の旅支度は別です。日本建築の宿（靴を脱ぐタイプの宿）に泊まるときは、レザーのボスト

ぐっすり眠るために欠かせない相棒たち。発汗を促しながらハーブの香りに癒やされる入浴剤はエプソムソルト。スマホ画面から離れて、お気に入りの本を読み返すのも旅での楽しみ。すでに読んだ本を1～2冊必ず持って行きます。気楽に読める食エッセイや時代小説の短編集が常連です。上質な眠りへ誘うというメラトニンのバームはハワイのドラッグストアで購入。

大人のための上質なシンプル服で人気のATONが手がけるホームウエアブランド、エシャペのパジャマは旅に欠かせないアイテム。肌にさらっと心地よいコットンの洗練されたデザインは部屋着としてはもちろん、セットアップとして外出着にも。あまりの着やすさに色違いでネイビーのほか、モスグリーンも購入。持ち運びに便利な袋入り。同じくエシャペのリネンスプレーとアイマスクも愛用しています。

ンバッグを持っていきます。地面を直接コロコロ、あちこち引っ張り回しているキャリーバッグをきれいに掃除された畳の上に置くのは気が引けるからです。美意識の行き届いたしつらえにしっくりなじむ上質なレザーのバッグなら、お宿に対して敬意を払っているのが伝わる気もします。私が15年以上愛用しているのが、**グローブ・トロッターの黒いボストン**。グローブ・トロッターというとトランク類が有名ですが、レザーのボストンバッグもいい素材が使われていて、しかもムダのないデザインで使いやすいのです。使い込むうちになんとも言えない風合いが出てきたところも気に入っています。国内旅行では、気軽なソフトキャリーケースと使い込んだレザーのボストン、この2つをもっぱら使い分けています。

キャリーケースやボストンを宿に置いた後、旅先での移動バッグとして愛用しているのがリュックとミニバッグです。大人が使えるシンプルなデザインが魅力の**Motherのリュック**と、お財布代わりにもなる**ジルサンダーのミニバッグ**が現在、定番となっています（P95参照）。ちなみにこのジルサンダーのミニバッグ、お札がすっぽり入るくらいの横幅で、お札の仕切りとコイン類を入れるスペースがあり、お金をそのまま入れられる仕様になっているのです。このバッグにお金とカード、スマホとリップくらいを入れれば、多少改まったシーンにも対応できるバッグとなります。

ちなみに、本書でご紹介している松本の旅（P119）では、旅先で見つけたかごバッグを旅バッグとして使ってみました。松本という民藝が近くにある街を楽しむのにかごはとてもぴったりで、街歩きがいつも以上に楽しい時間となりました。

熟睡のためにしていること

「ぐっすり眠れない」という話題になると「私も」「私も」と、睡眠のお悩みを抱えている人が意外と多いことに驚かされます。旅先でも同様で、特にこの歳になると翌日に疲れを持ち越さないために、ぐっすり眠ることは何よりも大切です。

旅先では、気がついたら1万歩以上歩いていたなんていうのはよくあること。宿に帰る頃にはクタクタで、思った以上に疲れが溜まっています。お風呂にゆっくり浸かって、おいしい夕食に地酒もちょっぴりいただいたりして、ほろ酔いでお腹もいっぱい。片付けもお皿洗いもしなくていい。なーんにもしないであとは寝るだけ……というのは旅に出たときならでは。パリッと糊のきいたシーツにダイブするときの気持ちの良さといったら。そのまま寝落ちして、気がついたら朝というのが理想ですが、何かの拍子で寝付けず、体は疲れているのに頭は冴えてしまうことがあります。私自身は「枕が変わると眠れない」などということはないのですが、それでも、なるべくリラックスできるようにお守り的にしている〝眠りのためのルーティン〟があるのでご紹介します。

まずは寝るときに着るものについて。旅館なら浴衣が用意されていますし、ホテルでも最近は部屋着やパジャマが置いてあることも多くなりました。温泉旅館ではなくてはならない浴衣ですが、私にとっては実は難易度が高いもの。呉服屋育ちの母から生まれたにもかかわらず、着ていてなんだか落ち着かないのです。普段、着慣れていないこともありますが、うまく着付けることもできないし、とにかくリラックスできないのです。いざ寝てみても、寝相が悪いわけでもないのに、朝には帯だけ残して見るも無惨にはだけていて、とてもお見せできる状態にないこともしょっちゅう。また、旅館の浴衣は寝巻きでありながら館内着でもあったりして、それを着ないというのは逆に目立ってしまうもの。浴衣姿の中で浮かない格好とは？　というのが私の長年の悩みでした。

それが解決したのは、**エシャペ**というブランドの**パジャマ**を見つけたから（Ｐ99）。パリッとしたコットン製で、上下セットアップで着るとオールインワンのようにも見えるのです。これなら浴衣姿の中で浮きませんし、何なら外出着として出かけてもＯＫ（松本旅／Ｐ122）。少しでも眠りに入りやすくするために、普段と同じ、肌になじんだパジャマは欠かせません。

２つ目は香りです。宿でお香などが焚かれている場合はその香りを楽しみますが、ビジネスホテルなどでは、**エシャペのルームリネンスプレー**のミニサイズを持って行って、シュッとひと吹き（Ｐ99）。部屋のにおいがなんとなく気になるときも、このスプレーがあればリセットすることができます。私の好みはシダーウッドやサンダルウッドなどのグリーン系。自然由来の天然精油はほんのり優しく香り立ち、朝になる頃には消えています。

３つ目は自然な眠りに導くという**メラトニンのバーム**です。睡眠ホルモンと呼ばれるメラトニンは睡眠を促す効果があると言われているもの。胸元や顔まわりにサッと塗るだけというお手軽さもお気に入りのポイント。いわゆる睡眠薬のように起床時のぼーっとした感じの副作用もありません。Ｐ98でご紹介しているのはハワイの大型スーパー、Ｗａｌｍａｒｔで見つけて購入したもの。爽やかなハーブの香りも好みなので、お守り的に使っています。この３つさえあれば、何となく安心してどこでも熟睡することができています。

歩きやすいスニーカーやサンダルは、ラフになりすぎないようにシックな配色を選ぶのがこだわり。グレーと白の配色のスニーカーはトッズとニューバランス。コンバースもベージュやグレーなどを持っています。モコモコ素材のビルケンシュトックは厚手のソックスと合わせて秋冬用に。軽いEVA素材のトングサンダルはスリッパ代わりにも。

旅は歩くもの。靴はどう選ぶ？

とにかく歩き回る旅先で快適に過ごすための靴といったら、スニーカー……というか、スニーカー一択だと思います。でもちょっと待って。動きやすい格好にスポーティなスニーカーというのは確かに疲れにくいスタイルなのですが、足元がカジュアルすぎると着ている服とチグハグな印象になってしまう場合も。特にパンツにスニーカーというコーディネートは、やぼったくなりがちで着こなすのが意外に難しいのです。大人の旅スタイルとして、スニーカーを合わせていてもどこかシックに装いたい、と思っているのは私だけではないはず（以下、P103参照）。

パンツスタイルのときに私が好んで履くのが、**ローカットのコンバース**。ご存知の通り、コンバースはベーシックでコンパクトなデザインなので、パンツでもバランスが取りやすく、きちんと感を損なわずにコーディネートをまとめることができます。白や黒、ベージュなどのベーシックな色なら足元だけ目立つことなく、どんなスタイルにも合わせやすい。ただ、靴底がぺたんこでクッションなどが入っていないため、長時間履いていると疲れてしまうのが辛いところ。それでもパンプスを履くよりはずっと楽だと思うので、パンツスタイルのときは、私はおしゃれ優先ということで少し痩せ我慢をして履いてしまいます。

一方、クッション機能がきちんと備わったスニーカーは歩きやすく、疲れにくさは段違いです（わかってはいるんです）。それにボリュームのあるスニーカーはロングスカートと相性抜群。冬場ならタイツを合わせて履けば暖かく、バランスよく着こなすことができます。ブランドは、**ハイテクすぎないニューバランスやトッズのス**

ニーカーなどが服に合わせやすいと思います。グレーと白のコンビなどのシックな配色なら、どんなコーディネートにもしっくりなじんで、大人な足元を作れます。

歩きやすいと言えば、**ビルケンシュトック**も外せないブランド。機能性重視のアウトドア的なアイテムだけでなく、最近ではメゾンブランドとのコラボレーションだったり、大きなバックルやモコモコ素材などファッション性の高いタイプもどんどん増えています。夏場はサンダル代わりに履いて、冬は厚手のソックスを合わせれば、暖かいうえにおしゃれ。また超軽量の素材を使ったサンダルはスリッパ代わりにも使えるので、荷物に加えておくと重宝します（ホテル備え付けの紙製スリッパよりずっと快適！）。

もう少しちゃんとした靴が必要というときに私が選んでいるのが、**パラブーツのレザー製グルカサンダル**。クッション性の高いラバーソールで、足首部分がしっかりホールドされているので安定感があり、とっても歩きやすいのです。サンダルではありますが、カジュアルすぎないデザインなのできちんと感もあり、高級旅館の玄関に置かれていても違和感がありません。こちらも冬場にはタイツやソックスを合わせて履いています。そして、冬場にスニーカー感覚でよく履いているのが、足首丈の**サイドゴアブーツ**。サイドがゴムになっているので脱ぎ履きしやすく、秋冬の旅には欠かせません。

私の「旅の靴事情」についてお伝えしましたが、何やかんや言って、旅にはいつも履き慣れた靴で出かけるのが基本だと思います。新しい靴をおろして靴ずれするなどもってのほか。足が痛いと予定通りに旅が進みませんし、気持ちも下がっちゃいますよね。兼ね合いが難しいところですが、〈足の疲れを溜めにくい、かつおしゃれも妥協しない靴選び〉ができたら、旅は気分よく快適に過ごせるのではないでしょうか。

足の疲れ対策アイテムは欠かせません

旅に出ると普段の運動不足が嘘のように、精力的に歩きます。日中は楽しさが勝っているため疲れに気がつきにくいのですが、宿に戻って、いつもとは段違いに疲れていることに驚きます。また、電車や飛行機での長時間の移動日は、足のむくみが気になるところ。旅に出るととにかく足が疲れます。

クタクタになった足の疲れを癒やさないと、翌日も機嫌よく旅を続けられません。そのために欠かせないのが足の疲れ対策アイテムです。ホテルや旅館でもマッサージなどリラクゼーションのためのケアをしてくれるところがあるので、時間と予算が許せば施術を受けるのも有意義だと思います。

台湾では、足ツボマッサージのサロンがいたるところにあり、ほぼ毎日、夕方になるとマッサージを受けていました。技術的にもお値段的にも気楽にトライできる足ツボマッサージが日本にもあればなぁ……と思うものの、わざわざエステにかかる時間もないし、予算的にももったいないと思い直して、足の疲れを軽減するセルフケアを行っています。旅の荷物が少ない私ですが、足の疲れを癒やすいろいろなグッズは忘れずに持って行きます。大したことはしていないのですが、するとしないでは大違い。翌日にはすっと足が軽くなる私の愛用品とリラックス法をご紹介します。

まずは何はともあれ、湯船にゆっくり浸かることが大切！　シャワーで済ませず、バスタブにお湯を張ってじっくり浸かります。自分のために使える時間がたっぷりある旅のひととき。体をお湯にゆったり浸けるだけで、疲れがほどけ、血行が良くなっていくのがわかります。お湯の中では、足首からふくらはぎにかけてマッサージ

疲れを癒やすお助けグッズがこちら。コロコロ転がして凝りをほぐす2個セットのリカバリーボールはお世話になっている「腰痛ONE」のオリジナル。休足時間のジェルシートは、足裏やふくらはぎに貼ればひんやりスッキリ。ツボに貼るロイヒつぼ膏は強めの刺激が病みつきに。目の疲れや乾燥防止に愛用している目薬、ロートジーはドラクエのモンスターモチーフのボトルが可愛くて思わず購入。

したり、足の指を持って開いたりぐるぐる回したりするのも効果的です。入浴剤は何でも構いませんが、私は発汗を促す効果が期待できる**エプソムソルトの小袋タイプを泊まる日数分**持っていきます（P98）。お風呂から上がれば、この時点でもかなり足は軽くなっているはず。そこで仕上げのグッズの登場です。

おなじみ、ひんやりとした**メンソールのジェルのシート、休足時間**（以下、P107）を足の裏や足首、ふくらはぎに貼ります（ボディクリームを塗ると貼りづらくなるので要注意）。ツボを刺激するタイプと定番タイプの2種類を使い分けています。さらに、もう少し刺激がほしいときは、昔ながらの**ロイヒつぼ膏**を使います。血行をよくする温感刺激があるシールをツボに貼るもので、結構な刺激が病みつきになります。どちらも寝る前に貼ってそのままベッドへ。朝になれば足が軽くなっていることに驚くはず。

さらに、足だけでなく体の疲れをほぐすために持って行くのが、テニスボールサイズくらいの**リカバリーボール2個セット**。体をみてもらっているパーソナルトレーナーさんから教えてもらったもので、どこの体の部位でもセルフマッサージが可能になる便利アイテムです。使い方は簡単。仰向けで寝転んだら、腰や首や肩などこわばった部分にボールを当て、ぐりぐりとほぐすだけ。硬く縮んだ筋肉が少しずつ柔らかくなり、血行がよくなっていきます。足の裏でコロコロ転がせば、足裏の筋肉が気持ちよくほぐれます。

とにかく「無理は禁物！」の大人旅では、翌日に疲れを残さないことが肝心。セルフケアで自分をいたわって、気持ちよく旅を続けましょう。

髪さえちゃんとしていれば。ミニマム美容でOK

突然ですが告白します……実は、コロナ禍でのマスク生活をきっかけにファンデーションを塗るのをやめました。一度やめてしまうと、ファンデを肌に塗るのは息苦しい感じがするのと、やめてからのほうが肌の調子がいいので（あくまでも私の場合です）、すっかりノーファンデ派になりました。普段のメイクもマスカラと口紅くらい。ちゃんとメイクしている人からするとほぼノーメイク状態です。幸いなことに肌トラブルもないので、少しくらいのシミやシワも個性のうち、と思って気にせず過ごしています。

そんな私のスキンケア法はいたってシンプル。洗顔後に美容液効果のあるオールインワンタイプの化粧水をつけ、日焼け止めを塗る。以上です（笑）。旅に出るときもこの**洗顔料・化粧水・日焼け止めの3点セット**（P111）を持って行くだけなので、とにかく簡単。しっかりフルメイクする日々には戻れないなあと思っています。ただ、メイクをほぼしなくなって気がついたことがあります。それは、**メイクに手をかけないなら、その分、ヘアに手をかける**のが大事ということ。

50を過ぎた女がほぼすっぴん、ボサボサ髪のままで、しかも旅仕様のカジュアルなスタイルだと、おしゃれ感とはほど遠い印象に。ロングヘアならクルクルッと無造作にまとめてもサマになりますが、ショートヘアの私は1ヵ月ほど美容院に行かないでいると毛先が揃わず、髪型がいまいち決まらなくなってしまうのです。だからこまめなカットは欠かせません。

髪さえきちんとお手入れしてあれば、印象はかなり違って見える。そう思ったきっかけは、街中で見かけた年配のマダム。母親くらいの年齢の方でしたが、キレイにセットされたシルバーヘアは、年齢がどうこうじゃない素敵さがありました。手入れの行き届いたヘアがあれば、おしゃれさはキープできると確信したのです。

それ以来、とにかく髪がパサパサ、ボサボサにならないように気をつけています。まず、髪の毛にとって乾燥は大敵。しっとり仕上げるヘアオイルが欠かせません。ヘアスタイリストのＤａｉ Ｍｉｃｈｉｓｈｉｔａさんとモデルの黒田エイミちゃんご夫妻が作ったＳｕｎ ａｎｄ Ｓｏｉｌの**ヒーリング バランシングオイル**は、髪にもボディにも使える優れもの。フランキンセンスやローズマリー、サンダルウッドなど13種類のオーガニック精油を配合したオイルはナチュラルな香りに癒やされます。乾燥が気になるときにすりこんでもいいし、タオルドライ時（髪が濡れている状態）に少量を揉み込んでから乾かすとしっとり手触りよく仕上がります。私は軽くパーマをかけているので、オイルをつけてざっと乾かし、ヘアアイロンでポイント的にセットをします。このひと手間で格段にきちんと見えるから不思議です。化粧品は少なくても、長年愛用しているヘアアイロンだけはどんなときでも忘れずに持って行きます。

そんなわけで、私は「髪さえちゃんとしていればなんとかなる」をモットーに過ごすようになりました。人によってこだわりは違うと思いますが、スキンケアにしてもメイクにしても、なるべく普段と同じ、安心できるアイテムを持っていくと余計なストレスを感じないのではないでしょうか。旅の間を機嫌よく過ごすために、実は欠かせない要素だと思います。

スキンケアアイテムはステムボーテの洗顔料、オールインワンのローション、日焼け止めだけ持って行きます。ローションは無香料で、美容液並みのしっとり感が嬉しい。普段はこれだけですが、旅先ではせっかくのんびりできるので、シートマスクを日数分持って行きます。オイルは、髪にもボディにも使えるSun and Soilのもの。長く愛用している年代もののヘアアイロンも隠れた旅の必須アイテムです。

自宅に帰っても旅の余韻を味わえるおみやげ

旅先で出会ったおいしいものを自宅でいただきながら、楽しかった旅の思い出を振り返る。そんな余韻を味わえるのがおみやげの醍醐味。地方色豊かな美味は日々の食卓を豊かに彩ってくれます。

今の時代、何でもお取り寄せすることが可能になりましたが、それでもその土地でしか入手できない特別な品々を手に入れることができるのは、足を運んだからこそのご褒美。観光客向けのおみやげ品ではなく、地元でリアルに愛されているものを探したい。実際に地元の人が通う市場や道の駅、ローカルスーパーはそうしたおみやげの宝庫。どこに行っても変わり映えしないものが並ぶ観光客向けのおみやげ屋さんより、ずっとその土地らしいもの、その季節だけしか食べられない珍しいものが見つかります。お宝探し感覚でじっくり見て回りましょう。

以前、福岡県の糸島で立ち寄ったＪＡの産直伊都菜彩というファーマーズマーケットは、今思い出しても興奮してしまうほど素晴らしい品揃えでした。採れたての旬の野菜がずらりと並ぶ様子は壮観！のひとこと。箱いっぱいに詰められた青々としたカボスに、農家の自家製という柚子胡椒、フルーツと砂糖だけで作った素朴なジャムなども。豊富なラインナップの中から選んだ栗のジャムは忘れられないおいしさでした。東京ではなかなか買うことができない白糸酒造の銘酒「田中六五」の希少な銘柄が棚に無造作に並んでいるのを見つけたときは、嬉しさで思わず鼻息が荒く……（笑）　時間を忘れて場内を徘徊したのは忘れられない思い出です。

産直の市場に道の駅、ローカルスーパーなど生鮮食料品がお目当ての場所は、旅の終わりに訪れるのが正解。できる限り新鮮なまま持ち帰りたいので、保冷機能のある折りたためるクーラーバッグをスーツケースに忍ばせていきます。愛用しているのは東原亜希さんがプロデュースしているブランド、FORMEのもの（P115）。おしゃれに使えるシンプルなシルバーのクーラーバッグは、ありそうでないデザイン。たたむと小さくなるうえ、サイズも豊富なので、いくつか組み合わせて持っています。大きなものは荷物が増えたときのバッグ代わりに使うことも。

また、日本酒好きな夫や息子のおみやげのために、地酒を扱う酒屋さんも必ず訪れる場所になっています。よく知られている蔵元の銘柄でも、その地域限定、期間限定のものに出会えるのは旅先ならでは。お店の方のおすすめに従って何本か選んだら、宅配便で送ります。身軽に旅を続けたいので、瓶類など重たいものは送っておくに限ります。

宅配便で送るといえば、調味料も自宅に送りたいおみやげです。地域にもよりますが、昔ながらの作り方で今も丁寧に作っている蔵元さんは結構あるもの。その土地の特徴が出やすい味噌や醤油のほか、お酢や塩、砂糖などの基本調味料は家に帰ってからも使うことができますし、旅の思い出も蘇ります。少量タイプの小瓶は料理好きな友人の手みやげにすると喜んでもらえるはず。

ちなみに、甘いものもその地方色が色濃く反映されるものだと思います。昔ながらの老舗の銘菓も検索しつつ、地元で人気のカフェやパティスリーなどもチェック。雰囲気のいいカフェでひと休みしながらいただいたお菓子がおいしくて、思わず買って帰ったことも度々あります。

地方色豊かな〝甘い味〟といえば、忘れられないのが香川のあんもち雑煮でしょうか。あんこが包まれた丸餅を白味噌仕立てのお汁でいただく香川ならではの郷土料理は、甘じょっぱい味わいがたまりません。一度食べてみたいとずっと思っていた憧れの味は、実際にいただいたところ、やみつきになるおいしさ。冷凍にしたものを発送できると聞いて、迷わず注文。それ以来、時々リピートする大好きな一品になりました。

帰路につく前に立ち寄る空港内のショップ、新幹線の駅ビルや駅近のデパートなども狙い目です。名だたる名店が出店していることも多く、充実した品揃えには目を見張るほど。ネットでお取り寄せしたら3ヵ月待ちなどという人気の品がサラッと置いてあったりします。新大阪駅なら、誰もが知る551の豚まん、とん蝶のもちもちのおこわが、タイミングよければ並ばずに購入できますし、京都駅なら、構内に茶寮 宝泉の店舗があり、新幹線の改札内とは思えないほど落ち着いた雰囲気の中でぜんざいを楽しみつつ、丹波黒豆をしっとり仕上げたしぼり豆や葵のモチーフが可愛い賀茂葵を購入できます。JR京都 伊勢丹では和久傳や菱岩といった名だたる老舗のお料理屋さんのお弁当が、事前に予約しておくことで確実に入手することができます。名古屋駅なら、老舗喫茶店コンパルのエビフライサンドや大口屋の麩饅頭、三喜羅などが予約可能です。

大分空港では別府の岡本屋売店の元祖地獄蒸しプリン、福岡空港はとんこつラーメンの袋麺を集めたコーナーに、ネットでもなかなか買えないなごみの鮭明太をはじめ、人気の明太子製品がよりどりみどり。茅乃舎の出店では福岡限定のアイテムが手に入ります。全くいい時代になりました。出発の時間ギリギリではなく、余裕を持って駅や空港で最終のおみやげ調達タイムを過ごせば充実感もいっぱい。

そうして家に着くと、数日前に送った地酒もタイミングよく届いていて……普段なかなか食べられないお弁当や珍味を肴に珍しい地酒で一献。こんな楽しみがあれば留守番をしていた家族も笑顔になるというものです。

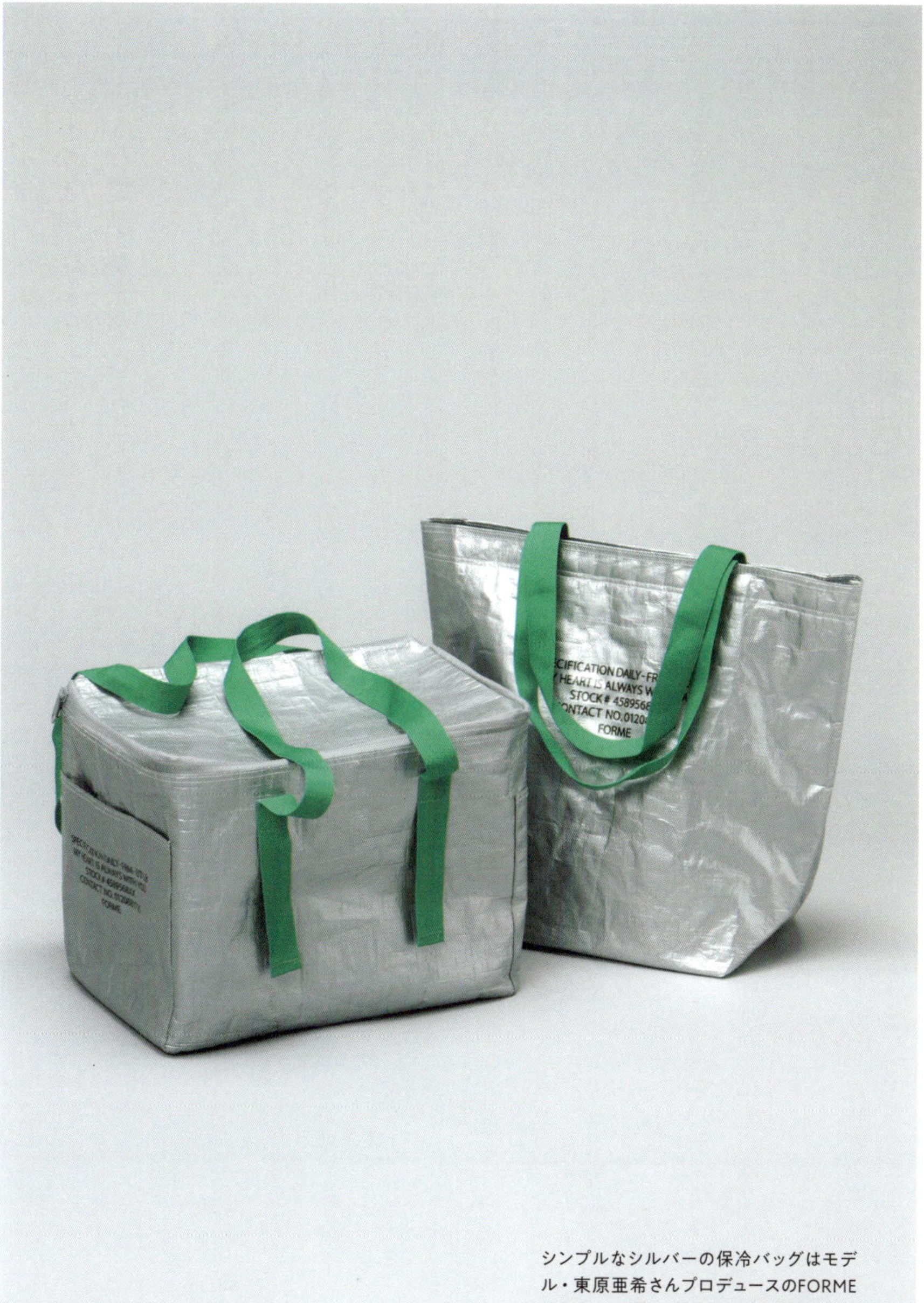

シンプルなシルバーの保冷バッグはモデル・東原亜希さんプロデュースのFORMEのもの。一見、保冷バッグとは思えないオシャレなデザインが気に入っています。近場の生鮮食品の買い出し旅（P74）では当然、大活躍。とても軽いので、おみやげが増えそうな旅にはたたんでトランクにイン。大きなサイズなので、荷物が増えたときのトランクがわりにもなってくれます。

もっと旅がおいしくなる。人と繋がる旅をしよう

旅は道連れ世は情け、袖振り合うも多生の縁。昔から言われるように、旅先での人との関わりは旅に深みを持たせてくれるものだと思っています。本書では、おいしいものを巡る私の旅の記録をお伝えしましたが、その土地ならではの美食は忘れられない思い出でありつつも、後から思い出してじんわり温かな気持ちになるのは旅先で出会った人たち、一緒に旅した友との会話ややりとりだったりします。

意外に思われるのですが、実はすごく人見知りの私。知らない人が大勢集まるようなパーティやレセプションは大の苦手。正直言うと、義理やお付き合い以外ではなるべく避けて通りたいと思っています。「そんなふうに見えないよ」とよく言われるのですが、それはライターという職業柄、少しずつできるようになってきたことで、本当の私は人付き合いがそんなに得意ではありません。広く浅くではなく、狭くてもいいので分かり合える人だけと無理せず、深く付き合っていけたらいいと思っています。

気に入って通っている飲食店でも、お店の人と馴れ馴れしい関係になるのはあまり好きではありません。自分だけを特別扱いしてもらったり、わがままを言ったりするのをよしとする関係性も居心地悪く感じます。無理せず、無理させず、なるべく自然体で過ごせることが私にとってはいちばん心地いいのです。だから、必要以上に迫ってくる圧の強いサービスにはどうしても引き気味になってしまいます。逆に、塩対応が恐ろしいと言われている頑固な店主の店や、ピリッと緊張感が漂うお店は案外、嫌いではなかったりします。と言っても、「ドM」

体質なわけではありません（笑）。

こだわりを持ってお店を営んでいる人ほど、自分なりの世界観やルールを持っていることが多いもの。その個性、魅力を体験したいと思ったら、「郷に入っては郷に従え」の気持ちでお邪魔すれば何も怖がることはないかなと思っています。中には本当にお山の大将で、最後まで感じが悪いということも稀にありますが、そんなところへは二度と行かなければいいだけ。逆に、相手の顔色を見すぎて下手に出すぎるのもその場を楽しめません。いつも通りの自然体で、でも相手への敬意を忘れずに。おいしければおいしい、心から感動したなら感動したと、その気持ちを正直に伝えればいいと思っています。そう伝えたことで、頑固店主の頬がふっと緩んだということも度々。そうなればこっちのものです。ぶっきらぼうで人付き合いが苦手なご主人ほどとても温かなハートの持ち主で、一度受け入れてくれたら温かくもてなしてくれるようになったりするんですよね。

そして、近くのお店でも旅先でも、いいと思ったところには何回か通ってみるようになりました。若い頃はとにかく新しいお店へ、行ったことのない場所へ、ということが楽しかったわけですが、自分にとってのいいお店がどういうものかがわかってきた今。お気に入りの場所の季節ごとの魅力、そこにいる人たちとの関係性を深める楽しさを大事に思うようになりました。今回ご紹介した宿の中には、何年も通っていて、もはや自分の家かのような居心地の良さを感じるところもあります。

気をつけなければいけないと思っているのは、気心知れた女友達と一緒の旅で、はしゃぎすぎていないかということ。旅先だという非日常感から、ついついおしゃべりが弾んで（声も大きくなったりして）、料理が出ているのに箸をつけるのが遅くなってしまったり、料理の説明をしてくれようとしているのに話すのを止めなかったり。また、お店に限りませんが、声高な会話や人目を気にしないふるまいにも要注意です。まわりの人を居心地悪くする〝図々しいおばさん〟にならないよう、そこはちょっと意識するようにしています。

また、初めての旅先では独特の緊張感を持っていたりもするものです。その場所の暗黙のルールはなんだろうとちょっぴり身構えている新参者の自分に、自然に笑顔になってしまうような温かいおもてなしをされることも少なくありません。その土地の魅力を伝えたいという気持ちとわざわざ遠いところを来てくれたからという熱い想いでもてなしてくれたなら、気持ちよく身を任せます。「ここではこのメニューがおすすめ」「あそこのあれがおいしい」「今の時期はこれを絶対に買って帰って」……お宿や食事どころ、おみやげ屋さんだけじゃなく、タクシーの運転手さんやふと隣になった地元の方などがあれこれ教えてくれるのは本当に嬉しく、ありがたいこと。その土地ならではのお国言葉も耳に優しいものです。旅ならではの醍醐味を感じます。

人との繋がりからその土地に愛着が湧き、リピートするようになった場所もずいぶん増えてきました。大人になってからのご縁が全国各地にできるのは嬉しい限り。「そろそろ柑橘がおいしくなってきた」「秋の味をあそこでいただきたいな」といった季節ごとの楽しみ、「疲れが溜まってきたからあのお湯にのんびり浸かりたいな」「久しぶりにあの料理を味わいたいな」……そんな思いが、その場所を再び訪れたいと思う原動力にもなります。

新しいことを体験しつつも、ひとつの場所をより深く知る楽しみがわかるようになったのは、大人ならではかなと思います。人との関わり合いで旅が何倍にも楽しくなり、一層深みが増すことをますます感じる今日この頃なのです。

落とし穴は思い込みと情報弱者？　大人の旅に必要なものは

私が添乗員としてご紹介してきた〈日本のおいしい旅〉、お楽しみいただけましたでしょうか？　ちょっと時間に余裕ができて、旅に出たいなと思ったときの参考になれば幸いです。

ところで、おいしいものを探すこと、出会うことに関しては「私、絶対失敗しないので」なんて大きなことを言っていますが、食のこと以外はポンコツな私です。せっかちなわりにめんどくさがりという性格で、出たとこ勝負の大ざっぱ。根が楽観的なのをいいことに、〝なんとかなるでしょ精神〟で幾度も切り抜けてきました。そんな感じなので、食以外では失敗することも度々。お店に携帯を忘れてきたり、財布を持たずに家を出たり（サザエさんか）などという忘れ物はしょっちゅう。なんとかならない窮地に陥ったこともありました。ここでは、そんな〝なんとかなったけど……〟な旅エピソードを、何かの参考になればと思いご紹介します。

今からかなり前、10年ほど経つでしょうか。真冬の旭川を訪れたときのこと。凍えるような寒さのなか、熱々のラーメン、煙モクモクのジンギスカン、身体の芯から温まる老舗の甘味処の煮込みうどん……などなど北の国のおいしいものを満喫して、さぁ東京に戻ろうと空港にやってきました。北海道の真ん中にある旭川空港は飛行機の遅延や欠航が少ないといわれています。ところが数年に一度あるかないかの爆弾低気圧が襲い、前が見えないほどの大吹雪に。搭乗するはずだった便は欠航の表示が出ていました。

そのとき私が持っていたのは、〝変更不可〟の格安チケット。いつもは航空会社のオフィシャルサイトから買うのに、こんなときに限ってと気が遠くなりかけましたが、改めて航空券を買い直すしかないと判明。その場で金額を確認すると片道でなんと5万円以上！　わわ、節約しようとケチったおかげで、かえって高くつくとは……予想外の出費は痛いけれど、どうしてもその日のうちに帰らなければ翌日の仕事に間に合いません。出費もやむなしかと逡巡しているうちにも、乗客たちは各々航空会社のカウンターに押しかけ、大行列に。みんな振り替えチケットを入手しようと必死です。

トム・ハンクス主演の『ターミナル』ではないけれど、空港で外を眺めながら過ごすこと半日。これはもう今日中に帰るのは無理かと諦めかけたそのときです。嵐が収まってきたので、JALが1便だけ東京から往復するというアナウンスが。しかも欠航した便の乗客すべてが乗れる大型機だというではありませんか。空港内は一気に安堵の空気に包まれました。滑走路に着陸するジャンボ機のなんと頼もしかったことか！　スター・ウォーズのテーマ曲が脳内再生されました（笑）。なんとか搭乗した機内は、いわゆる国内線の小さめの飛行機ではなく、記憶が確かなら3―4―3の座席配列になった国際線仕様。天井のカラフルな機内灯もいつもと違う非常時感を感じさせ、高揚感を煽ります。ベテランCAさんの〝お任せください感〟も心強い限り。無事、羽田に着陸したときには拍手が自然と沸き起こり、ありがたやJALさまと心のなかで拝んだのはいうまでもありません。

この出来事から学んだ教訓のひとつが「安もの買いの銭失い」は実際に起こりうるということ。安いのにはそれなりに理由があり、いつもは大丈夫でも何かあればうまくいかないリスクがあることを改めて思い知らされました。それ以来、交通手段でもホテルでも、値段の安さも気になるけれど、何かあったときにすぐに対応してもらえるものなのかをしっかりチェックするようになりました。

うっかりといえば、コロナ明けで久しぶりにハワイに出かけたときもやらかしてしまいました。現在、アメリ

カに入国する際にはビザ免除プログラムとして「ＥＳＴＡ（エスタ）」をオンライン申請しなければなりません。なんと私、アメリカ政府の正式なサイトではなく、そっくりにデザインされた代行業者のサイトに申し込んでしまっていたのです。それが発覚したのは、空港での搭乗手続きの際。このままでは飛行機に乗れません、と言われて絶句！　その場で正式なサイトから申請し、締め切り時間直前になんとか申請が通るというなんとも痺れる展開に。

これまでこのエスタ申請は夫に任せきりにしていたのです。代行業者が正式なサイトより先に検索結果に出てくるなんて思いもよらなかったこと。よく見ればわかるはずなのに思い込みって怖い……そして情けない（泣）。ラウンジでのんびりしようとかなり早めに空港に着いていたからなんとか間に合ったのですが、トランシーバーを手にした航空会社のスタッフと一緒に搭乗口まで走り、ゼイゼイ息を切らして乗り込んだシーンは今思い返してもゾッとします。だんだん歳を重ねていくうち、思い込んだら疑うことをしない情報弱者になってしまっていたようです（ちなみにエスタ代行業者からは後日、無事に返金されました）。

常習犯である忘れ物の失敗談はハワイに行ったときにも。帰国の朝、充電していたＰＣをホテルの部屋に忘れたまま空港へ出発。しかも途中でランチを取っている間もあるものだと思い込んでいたため、空港に着いて車から荷物を下ろそうというタイミングでＰＣがないのに気づき大騒ぎに。そのときはハワイ在住の親戚的存在である友人、まやさんがダッシュで往復してくれて、またホテルの素晴らしいホスピタリティのおかげもあって、なんとかことなきを得ました。やらかした失敗も思い出となるのが旅のいいところとはいえ、人騒がせで申し訳ない限りです……。

振り返ってみると、だいたい出発時や帰路に就く際に何かが起きる傾向があるようです。まさに「おうちに帰るまでが遠足」（苦笑）。詰めが甘いのは命取り、最後まで油断してはいけないなと改めて実感しています。ダメな自分を周りの人が助けてくれることにも感謝です。ひとり旅ならなおさら、身の回りのことに自ら気をつけなければいけません。大人として臨機応変の対応力は高くなっているのに比例して、思い込みが激しくなったり、新しい情報に疎くなったりしているようです。知識を常にアップデートしつつ、安心安全に努めるのが大人旅で心がけるべきことだなと思います。

家でのんびり過ごす時間がいちばん落ち着くと普段は思っているのに、日々の仕事やルーティンで忙しくなってくると、どこかに旅をしてリフレッシュしたくなる。不思議なものですね。そんな毎日に感謝しつつ、おいしいものを求めてこれからも旅に出たいと思っています。

Special Thanks

松本旅（P38~49）

10cm
長野県松本市大手2-4-37
営／金~日曜、祝日
11:00~18:00

マサムラ本店
長野県松本市深志2-5-24
休／火曜定休
9:00~18:00（喫茶は17:00まで）

餅屋 と亀
長野県松本市中央3-5-11
休／月曜
営／10:00~18:00

ミナ ペルホネン松本店
長野県松本市大手2-4-26
休／水曜
営／11:00~18:00

ariko（アリコ）

人気ファッション誌を担当するエディター、ライター。インスタグラム(@ariko418／フォロワー数22万超)でのセンスあふれる料理の写真と食いしん坊の記録が話題を呼び、「おいしい情報なら間違いない」と信頼される存在に。レシピ本を多数刊行している料理家でもある。著書に『arikoの食卓』シリーズ（ワニブックス）、『arikoのごはん』『arikoの美味しいルーティン』（講談社）、『ありこんだて』（光文社）ほか。

写真／ariko
撮影／広瀬貴子（松本編、P2〜3、7、13、85、90、119、122〜123、126）
嶋田礼奈（Chapter2静物）
デザイン／藤田康平（Barber）
編集担当／山本 忍

添乗員《てんじょういん》ariko《アリコ》 まだまだ日本《にほん》のおいしい旅《たび》

2024年11月27日 第1刷発行

著者 ariko《アリコ》
発行者 清田則子
発行所 株式会社 講談社
〒112-8001 東京都文京区音羽2-12-21
編集 ☎03-5395-3400
販売 ☎03-5395-5817
業務 ☎03-5395-3615
印刷所 大日本印刷株式会社
製本所 大口製本印刷株式会社

127p 21cm

ISBN 978-4-06-536977-7

KODANSHA